조남령 문학 전집

편자
이동순 李東順, Lee Dong-Soon
조선대학교 자유전공학부 교수. 가사문학의 산실인 전남 담양군 남면에서 태어나고 자랐으며, 전남대학교에서 「조태일 시 연구」로 박사학위를 받았다. 저서로 『움직이는 시와 상상력』, 『광주 전남의 숨은 작가들』, 『광주문학 100년』, 『광주의 시인들』 등이 있으며, 편저로 『조태일 전집』, 『박흡 문학 전집』, 『목일신 전집』, 『목일신 동요곡집』, 『정태병 전집』, 『땅의 노래-조태일의 시세계』, 『조종현 전집』 등이 있다.

조남령 문학 전집

초판 인쇄 2018년 1월 20일 **초판 발행** 2018년 1월 30일
기획 영광문학기념사업회 **지은이** 조남령 **엮은이** 이동순 **펴낸이** 박성모 **펴낸곳** 소명출판
출판등록 제13-522호 **주소** 서울시 서초구 서초중앙로6길 15, 1층
전화 02-585-7840 **팩스** 02-585-7848
전자우편 somyungbooks@daum.net **홈페이지** www.somyong.co.kr

ISBN 979-11-5905-268-2 04810
ISBN 979-11-5905-266-8 (세트)

값 25,000원

함께 가꾸는 아름다운 세상 | 이 책은 지역문화진흥을 위하여 한수원(주) 한빛원자력본부에서 지원하였습니다.

동경 유학 시절, 22세의 조남령(1942)

『동아일보』 신춘현상 소설 당선 시절, 18세의 조남령(1938)

조남령 생가(영광읍 도동리 281번지)

조남령의 가족사진(1944년 초)
(앞줄 왼쪽부터 누이동생 조을주, 아버지 조융현, 어머니 김영묵, 동생 조영상,
뒷줄 왼쪽부터 조남령, 누이동생 조갑주, 맏형수, 맏형 조영흔, 중형 조영규)

조남령의 사촌내 가족들의 조부모 묘 성묘(1938년 여름)
(오른쪽에서 서 있는 두 번째가 조남령, 왼쪽 끝이 맏형 조영흔)

학우들과 일본 동경에서(1940)
(앞줄 오른쪽에서 두 번째가 조남령, 뒷줄 왼쪽에서 첫 번째가 동국대 교수를 지낸 정종)

일본 유학 시절(뒷줄 왼쪽 첫 번째가 조남령, 앞줄 첫 번째가 친구 정태영, 두 번째가 동국대 교수를 지낸 정종)

일본 유학 시절(왼쪽부터 정종, 조남령)

일본유학시절(1941.3.24)(오른쪽 첫 번째가 조남령, 두 번째는 정종, 세 번째는 정태영)

일본 동경 유학 시절 거리에서
(왼쪽이 조남령, 오른쪽은 고향의 벗 정태영)

豫選되엇던作者와作品

「비들기의誘惑」(第一席) 金永錫作
「破戒」(第二席) 金東奎作
「腐魚」(小說) 金利錫作
「明花」(小說) 元大淵作
「익어가는가을」(小說) 曺南嶺作
「酒幕」(小說) 李在春作
「化粧人間」(小說) 李地用作
「歸不歸」(小說) 鄭飛石作
「연해」(小說) 郭夏信作
「매화포」(戲曲) 韓泰泉作

『동아일보』 소설 당선 기사
(『동아일보』, 1939.7.5)

金山寺

(舍利塔 壇위에서 쉬느라니 다람쥐 한마리가 뛰어나와서 잔디에 쫑쫑히 앉았습니다。——이 절엔 다람쥐가 퍽 많았습니다。)

애잇! 알랑달랑 아망스런 자 다람쥐
舍利塔 잔디가 네 마당이로구나!
호젓한 양지쪽 곬에 탐스런 집 가졌군。

다람쥐 너는 예서 몇代나 살아왔냐?
塔이야 千 三百年 비 바람 겪었단다
비껴라! 내려가련다 석축 틈에 숨어라。

(다람쥐의 이야기)

골짝물 운답니다、 뻐꾹이 운답니다。
午때면 三層法堂 石鐘이 운답니다。
千그루 벗나무 새에 꽃도 폈다 진대요。

이병기 추천 작품(『문장』 1권 6호, 1939.7)

이병기 추천 작품
(『문장』 1권 6호, 1939.7)

推薦時調

窓

—어느 스승님께—

曺南嶺

내 살이 아니라고 어이 아니 아프겠소
내 몸이 아니라고 어이 아니 치웁겠소
덜덜덜 窓 떨 때마다 마음 저려 하외다。

눈보라 덧치던 눈 얼마나 억찼을가
窓 앞에 메웠던 덕대 부려 졌단 말가
그래도 저 넝쿨에야 새 움 자라 나겟지。

물무 뒷산에는 진달래 폈답니다。
구름다리 시냇가엔 살구꽃 피겠지요。
그꽃잎 나의 발인양 살窓 속에 너리까。

이병기 추천 작품
(『문장』 2권 5호, 1940.5)

推薦時調

봄

—追憶片片—

曺南嶺

(其一)

봄이라 이른 아츰 山村비도 해뜨드란
동내 머슴들 지개지고 소고 치며
고、들、재、 줄지어 넘어서 갈퀴나무 갔다가

사양 길쯤 길쯤 아믈 아믈 나뭇짐들
그 고개 놀 끼자 다시 넘어 오는양에
울리는 소고소리는 마을 八景이더니

『조선일보』 신춘문예 당선공고
(『조선일보』, 1940.1.1)

新春文藝當選者

☆文藝評論 一等(賞金五十圓) 黃州郡州南面正方山城 鄭義浩
☆戲曲 一等(賞金百圓) 京城府蓮建町二九六의三 咸世德
☆短篇小說 二等、(賞金五十圓) 京城府體府町二〇三 金萬善
☆詩 二等 京城府西橋町一七六 李史羅
☆時調 一等 曺南嶺
☆漢詩 一等 京城府城北町二五三의一 崔和順
☆童話 一等 城津邑旭町 金郁
☆童謠 一等 北鎭 朴陽松

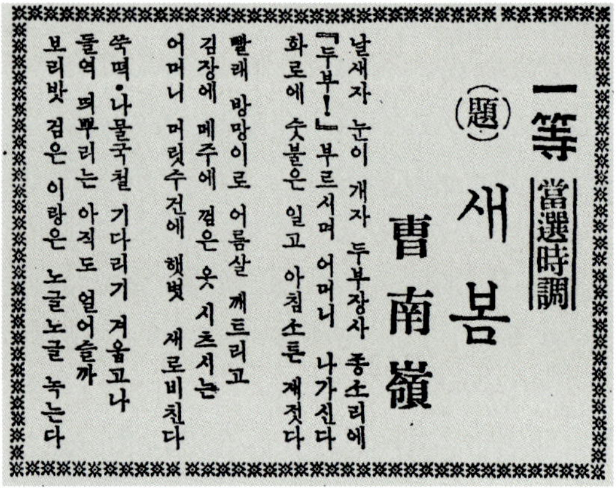

一等 當選時調

(題) 새봄

曺南嶺

날새자 눈이 개자 두부장사 종소리에
「두부!」 부르시며 어머니 나가신다
화로에 숯불은 일고 아침소른 재젓다

빨래 방망이로 어름살 깨트리고
김장에 메주에 껌은 옷 시츠시는
어머니 머릿수건에 햇볏 새로비친다

쑥떡·나물국칠 기다리기 겨울고나
돌역 며뿌리는 아직도 얼어슬까
보리밧 검은 이랑은 노글노글 녹는다

『조선일보』 신춘현상
당선 시조 「새봄」
(『조선일보』, 1940.1.5)

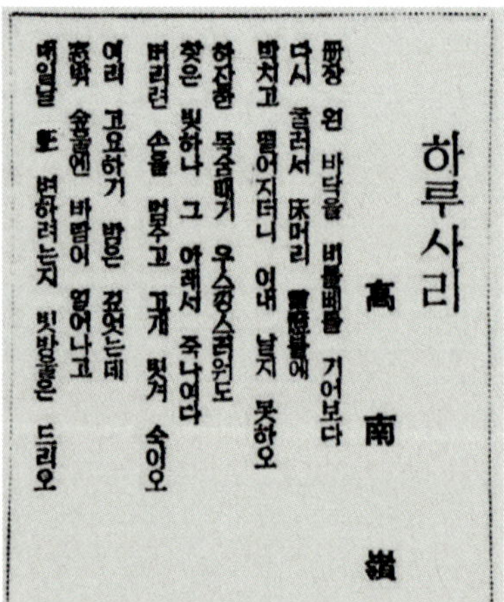

하루사리

高南嶺

쨍쨍 쬔 바닥을 비틀비틀 기어보다
다시 굴러서 床머리 [illegible]에
박치고 떨어지더니 이내 날지 못하오
하잔한 목숨때기 우스꽝스러워도
찾은 빛이나 그 어래서 죽나여다
버리런 손들 멈추고 고개 벗겨 숙이오
여러 고요하기 밤은 깊었는데
[illegible] 숲속엔 바람이 일어나고
내일날 [illegible] 변하려는지 빗방울은 드리오

「하루사리」(『동아일보』, 1940.7.16)

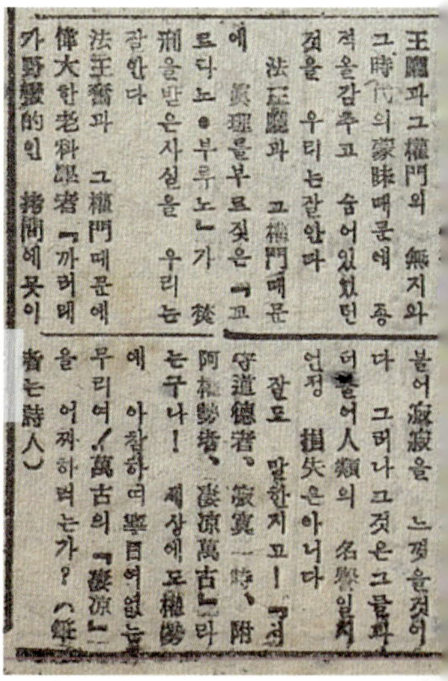

王驪과그權門의 無지와 그時代의蒙昧때문에 종적을감추고 숨어있었던 것을 우리는잘안다

法王廳과 그權門때문에 眞理를부르짖은「코르다노·부루노」가 焚刑을받은사실을 우리는 잘안다

法王廳과 그權門때문에 偉大한老科學者「까러데가野蠻的인 拷問에못이붙어寂寞을 느꼈을것이다 그러나그것은그들과 더불어人類의 名譽일지언정 損失은아니다

잘도 말한지고! 「고당道德者、寂寞一時、附阿權勢者、凄凉萬古」라는구나! 세상에도權勢에 아첨하며 曲目에없는 무리여! 萬古의 「凄凉」을 어찌하려는가? (筆者는詩人)

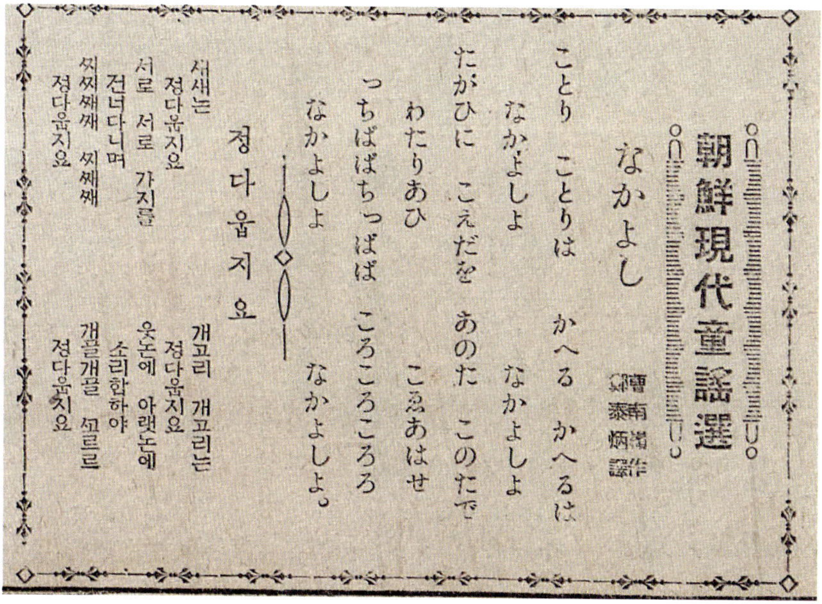

朝鮮現代童謠選

なかよし

曹南嶺作
[illegible]泰炳譯

ことり　ことりは　かへる　かへるは
なかよしよ　なかよしよ
たがひに　こえだを　あのた　このたで
わたりあひ　こゑあはせ
っちばばちっぱば　ころころころころ
なかよしよ　なかよしよ。

정다웁지요

새새는 정다웁지요
서로 서로 가지를
건너다니며
씨씨쌔쌔 씨쌔쌔
정다웁지요

개고리 개고리는
정다웁지요
웃논에 아랫논에
소리합하야
개골개골 쇠르르
정다웁지요

조남령 동요 「정다웁지요」(『매일신보』, 1944.2.10)

조남령, 「진리와 고문」(『시대일보』, 1946.8.27)

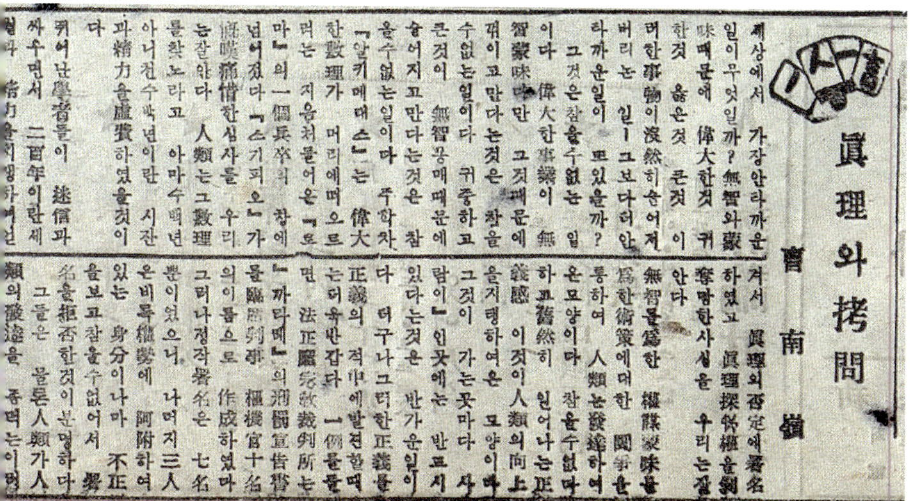

眞理와拷問

曺南嶺

세상에서 가장안타까운 일이무엇일까? 無智와蒙昧때문에 偉大한것 귀한것 옳은것 큰것 이 머한事物이沒然히숨어저버리는 일—그보다더안타까운일이 또있을까? 그것은참을수없는 일이다 偉大한事業이 無智蒙昧때만 그것때문에 꺾이고만다는것은 참을수없는일이다 귀중하고 큰것이 無智몽매때문에 숨어지고만다는것은 참을수없는일이다 수학자 「알키메데스」는 偉大한數理가 머리에떠오르려는 지음처들어온 「로마」의一個兵卒의 창에 넘어졌다 「스기피오」가 痛嘆痛惜한심사를 우리는잘안다 人類는그數理를찾노라고 아마수백년 아니천수백년이란 시간과精力을虛費하였을것이다

뛰어난學者들이 迷信과 싸우면서 二百年이란세월과 精力을허비하여선저서 眞理와否定에署名하였고 眞理探究權을剝奪당한사실을 우리는잘안다

無智를爲한 權謀蒙昧를爲한術策에대한 鬪爭을 통하여 人類는發達하여온모양이다 참을수없다하고舊然히 일어나는正義感 이것이人類의向上을지탱하여온 모양이다 그것이 가는곳마다 사람이」인곳에는 반드시 있다는것은 반가운일이다 더구나그러한正義를 正義의 적中에발견할때는더욱반갑다 一例를들면 法正[illegible]裁判所는 「까타메」의 [illegible]宣告[illegible] 몰[illegible]樞機官十名의이름으로 作成하였마 그러나정작署名은 七名뿐이었으니 나머지三人은비록[illegible]에 阿附하여있는 身分이나마 不正을보고참을수없어서 署名을拒否한것이분명하다 그들은 물론人類가人類의發達을 좀더는이며

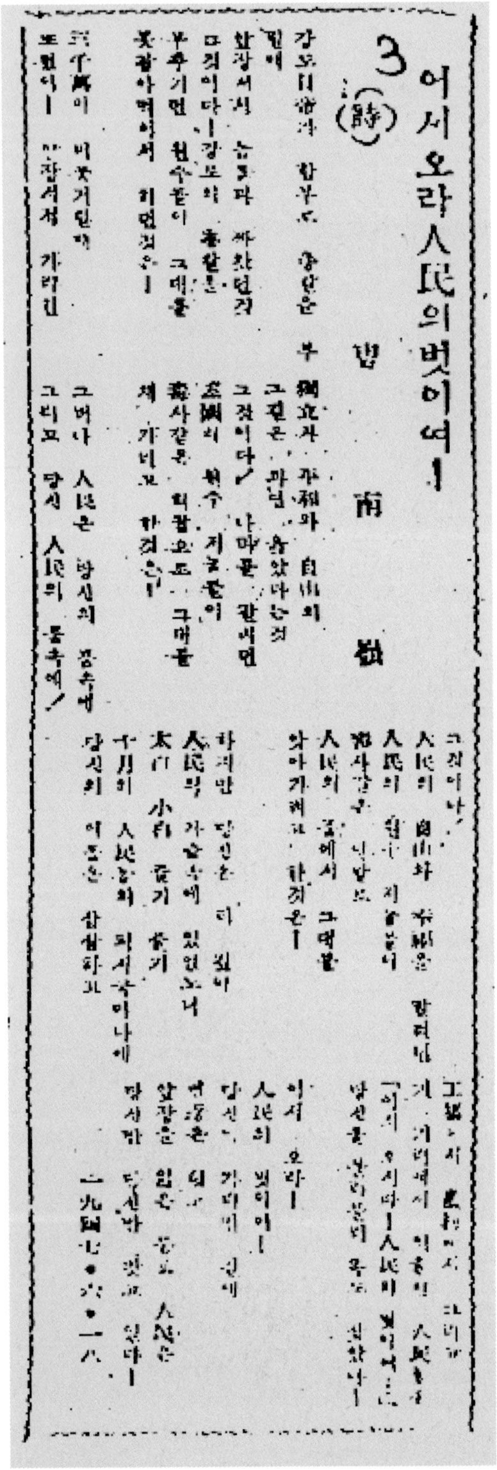

3 어서 오라 人民의 벗이여!

(詩) 趙南嶺

강요되던 日帝의 함부로 총칼은 부
밑에
한장서서 늠름과 싸웠던것
다짐이다! 강토의 簒奪은
부추기면 원수들이 그대를
꽃같아 벼히어서 죄면것은!
三千萬이 비웃거린때
또한다! 마잡서서 가리킨

獨立과 平和와 自由의
그길은, 과넘 올았다는것
그것이다! 나마줄 갈시면
祖國의 원수 지금들이
毒사같은 피팔 오도 그대를
채 가비고 하것은!
그러나 人民은 당신의 품속에
그리고 당시 人民의 품속에!

그것이나!
人民의 自由와 幸福은 팔려남
人民의 원수 제솔불어
毒사같은 나날도
人民의 품에서 그대를
앗아가려고, 한것은!
하지만 당신은 더 컸어
人民의 가슴속에 있었노니
太白 小白 줄기 줄기
十月의 人民들의 피서속이나에
당신의 어둔 삶을 하고

그렇다시 農村에서 그리고
거 거리에서 이렇게 人民들은
「어서 오시라! 人民의 벗이여!」
당신을 부러부러 목놓아 외칩니다!
어서 오라!
人民의 벗이여!
당신는, 가마미 [illegible] 신세
[illegible] 되고
앞장은 입은 [illegible] 人民은
당사망 당신밖 잇고 있다!
一九四七·六·一八.

조남령 시 「어서 오라 인민의 벗이여!」
(『문화일보』, 1947.6.24)

영광문학총서 02

이동순 엮음

조남령 문학전집

THE COMPLETE WORKS OF CHO, NAM-RYEONG

소명출판

『조남령 문학 전집』을 발간하며

조남령(본명 : 조영은(曺泳恩), 1920.12.2~?)은 전남 영광출신으로 1939년 『문장』을 통해 문학사에 이름을 올린 시인이다. 그는 시인 조운과 가람 이병기의 극찬을 받으며 시조시인으로 성장하였다. 그리고 현대시조의 시형을 연구함으로써 현대시조의 발전에 중요한 역할을 하기도 하였다. 일제 말기에는 학병으로 강제로 징집되어 전쟁에 동원되는 불운을 겪었고 해방과 함께 귀국하여 학병동맹에 참여하였다. '학병동맹 사건'이 발생하면서 그는 정치성과 사상성을 드러낸 자유시로 시대에 대응하였는데, 한국전쟁 중에 행방불명되고 말았다.

그동안 조남령에 대한 연구는 부분적으로 진행되었다. 그런 가운데 문학전집 형태를 갖추고 시조 9편과 소설 1편, 평론 1편을 묶어 『조남령시문학』(영광향토문화연구회, 1993)이 나왔고, 이후에도 시조 18편, 소설 1편, 평론 1편을 묶은 『바람처럼』(태학사, 2006)이 발간되었다. 그럼에도 불구하고 많은 작품들이 누락되어 있어서 조남령의 문학세계 전반을 조명하기에는 한계가 있었다. 따라서 조남령의 작품을 망라할 필요성이 제기되었고 이에 『조남령 문학 전집』을 발간하게 되었다.

여기 『조남령 문학 전집』에는 그동안 알려지지 않았던 작품들을 대거 발굴하여 한자리에 모았는데 시조 38편, 시 8편, 동요 1편, 소설 1편, 수필 4편, 평론 4편, 번역문 1편이다. 여기에는 해방기에 조운이 발간하려고 준비하였던 『현대시조삼인집』의 작품들까지 망라하였다. 그렇기 때문에 해방기의 작품을 확인할 수 있게 되었고 그동안 알려진 것보다 훨씬 많은 작품을 발표하거나 썼다는 것을 알 수 있게 되었다.

『조남령 문학 전집』의 시와 시조는 처음 발표한 원본을 정본으로 삼되 작품의 제목은 처음 발표했던 제목으로 하였다. 또 연시조를 단시조로 개작하여 발표한 작품의 경우는 별개의 작품으로 지위를 인정하여 정본으로 삼았다. 또한 발표 당시의 표기법을 그대로 따라 썼다. 다만 동음반복으로 쓰인 '〱'와 '〻'는 풀어서 동음으로 표기하였다. 부록에는 조남령의 작품 연보와 생애 연보를 수록하였으며, 조남령의 발굴 작품을 대상으로 쓴 논문을 해설로 붙였다.

이 『조남령 문학 전집』은 영광문학기념사업회에서 영광문학에 대한 자부심과 애정으로 편자에게 요청하여 이루어진 것이다. 이 과정에는 소중한 정보와 자료를 제공해 주신 분들의 소중한 동행이 있었다. 그리고 소명출판 식구들의 꼼꼼한 교정과 편집의 노고가 있었다. 무엇보다도 소리 없이 묵묵히 견디고 있는 시인의 친인척들께 진심으로 위로와 감사를 전한다. 그리고 이 땅의 모든 선배 시인들에게 존경을 표한다.

새날을 기대하며

엮은이 이동순

차례

1. 시조

2. 동요

3. 소설

4. 산문

1

시조

窓—어느 스승님께

『문장』 1권 6호, 1939.7.

내 살이 아니라고 어이 아니 아프겠소
내 몸이 아니라고 어이 아니 치웁겠소
덜덜덜 窓 떨 때마다 마음 저려 하외다.

눈보라 덧치던 눈 얼마나 억찼을가
窓 앞에 메웠던 덕대 부러 졌단말가
그래도 저 넝쿨에야 새 움 자라 나겠지.

물무 뒷산에는 진달래 폈답니다.
구름다리 시냇가엔 살구꽃 피겠지요.
그 꽃잎 나의 발인양 살窓 속에 너리까.

金山寺

『문장』 1권 6호, 1939.7.

(舍利塔 壇위에서 쉬느라니 다람쥐 한 마리가 뛰어나와서 잔디에 쫑종히 앉았습니다. — 이 절엔 다람쥐가 퍽 많았습니다.)

애잇! 알랑달랑 아망스런 저 다람쥐
舍利塔 잔디가 네 마당이로구나!
호젓한 양지쪽 곬에 탐스런 집 가졌군.

다람쥐 너는 예서 몇代나 살아왔냐?
塔이야 千 三百年 비 바람 겪었단다
비껴라! 내려가련다 석축 틈에 숨어라.

(다람쥐의 이야기)
골짝물 운답니다, 뻐꾹이 운답니다.
午때면 三層法堂 石鐘이 운답니다.
千그루 벗나무 새에 꽃도 폈다 진대요.

鄕愁

『문장』 1권 11호, 1939.12.

저거 이름 모를 새 한마리 울고 가야
바다 건너 불어오는 비 품은 마파람에
나무잎 소곤거리는 異域― 하루 밤이다.

울타리 쭉나무에 청개고리 비 부를젠
새터 열마지기 하늘 먼저 살피시든
아버지 이 여름 들어 소식 잠잠하시네.

방학때 집에 들면 옥수숫대 매두마다
어머님 아낀 사랑 쪼록쪼록 굵었더니
올에는 한몫이 줄어 작히 섭섭하시리.

올봄 영청에는 어떤 집 지었느냐?
앞마당 빨랫줄에 동생 옷들 걸렸드냐?
제비면 내골서 온양 거지없이 묻습네.

매미 우는 소리 어린 시절 눈에 어려,
낮으막 키 줄이고 나무가지 쳐다보니
뒤꼭지 저편 숲에서 꾀꼬리도 우더라.

새봄

「신춘문예 一等當選時調」, 『조선일보』, 1940.1.5

날새자 눈이 개자 두부장사 종소리에
『두부!』부르시며 어머니 나가신다
화로에 숫불은 일고 아침소튼 재젓다

빨래 방망이로 어름살 깨트리고
김장에 메주에 껌은 옷 시츠시는
어머니 머릿수건에 햇볏 새로비친다

쑥떡・나물국철 기다리기 겨웁고나
들역 띄뿌리는 아직도 얼어슬까
보리밧 검은 이랑은 노글노글 녹는다

봄 — 追憶片片

『문장』 2권 5호, 1940.5.

(其一)

봄이라 이른 아츰 山村비도 해뜨드란
동내 머슴들 지개지고 소고 치며
고들재 줄지어 넘어서 갈퀴나무 갔다가

사양 길쫌 길쫌 아물 아물 나뭇짐들
그 고개 놀 끼자 다시 넘어 오는양에
울리는 소고소리는 마을 八景이더니

(其二)

뒷터 양지쪽에 장다리 꽃 피든날
우리집 머슴이 나무갔다 오는 길에
붉으란 참진달래를 한뭇 들고 왔다네

동파 봉오리에 꿀벌 잉잉거릴제면
츩 캐러 산에 가서 진달래 노래만 하다
둥곬에 쪼인 또얏볕에 빼가 굵어버렸다

(其三)

쭉나무 높게 자란 어떤집 울안에는
그情熱 말도 못하고 동백꽃 되었더니
그곁에 소왕치 한마리 멀뚝 쳐다보더니

하루사리

『동아일보』, 1940.7.16

冊장 왼 바닥을 비틀베틀 기어보다
다시 굴러서 床머리 電燈불에
박치고 떨어지더니 이내 날지 못하오

하잔한 목숨때기 우스깡스러워도
찾은 빛하나 그 아래서 죽나이다
버리련 손을 멈추고 고개 빗겨 숙이오

이리 고요하지 밤은 깊었는데
窓밖 숲울엔 바람이 일어나고
내일날 또 변하려는지 빗방울은 드리오

---

* 高南嶺으로 발표되었으나 『현대삼인시조집』에 개작한 작품 「하루살이」가 있어 조남령의 작품임이 확인됨.

蘆湖 ― 箱根紀行

『문장』 2권 8호, 1940.10.

하이커 지팡이가 山허리를 두드리자
가다는 標ㅅ대며 衫나무를 토다리자
토도독 湖水 五十里 졸음 재우쳐 깨였다

尺으로 二千數百 水深은 오늘날도
허리부터 솟은 山 도란도란히 오늘도
神話를 소근거리려 목청 다듬어 다듬어

모롱이 하나 돌아 衫나무이 숲진 골엔
쉬이! 모셔놓은 海龍이 있다는데
철이면 鴛鴦이 와서 한곡절을 운다누

駒岳 ―箱根紀行

『문장』 2권 8호, 1940.10.

한기슭 들어섰는 杉나무 움도 지나
얼대 숲속에 山새들 놀래이며
火山灰 흙가루 받들은 서리 밟아 오른다

벌건한 웅덩이는 이제도 헐리일듯
가다가 미욱하니 黃내는 풍겨 오고
山골을 호오꾀꼬르 꾀꼬리가 우노나

나무도 하나 없는 얼대밭 山봉오리
아침 찬 氣流는 안개만 몰고 와서
외로히 헤매는 나를 어지러이 치고 가네

바람처럼

『춘추』 2권 10호, 1941.11.

또하나 보내었다 오늘도 보내었다
파르게 트인 하늘 한오리 뜬 구름을
안타깐 가슴을 안고 산 넘어로 보냈다

산 넘어 부는 바람 바람결에 보냈다
어여쁘다 꽃잎을 두어닢 뜯어 보고
살살살 부는 바람에 울며 날려 보냈다

바람도 꿈길처럼 산 넘어로 보냈다
가슴에 뛰는것은 날리지도 못하고
오로지 사랑하기에 바람처럼 보냈다

石窟庵 ― 토함산 고개

『춘추』 4권 9호, 1943.10.

바람은 하누바람
土含山 고개라네
그리워 찾든 길
못잊어서 또 오는 길
아랫골
그림자못에
내 그림자 비칠레

넘어는 동해바다
土含山 고개라네
萬波息 如意笛에
어느님 부를가나
望夫石
아니오나마
그리운님 오실레

오실님 없더라도
土含山 고개라네

雜木은 헐벗어

떨고 섰는 겨울날도

석 석 석

石窟庵일레

잰걸음친 길일레

石窟庵 ─ 大佛

『춘추』 4권 9호, 1943.10

모롱이 돌아서서 발길 멈추오이다
어둔 굴에서 노려보시는 대불여
이러곰 저온맘 쥐고 님을 좇니오이다.

높기실 모습이야 만인 바취실 즈이샷다
末法 이몸이 두손 모두오노니
마암한 천년대불의 아으 발원이샷다.

바라보옵시고 산골은 눈 아닌져
어인 羅紗있고 살결 아니 차시릿고
아즐가 천년대불여 또한 살지 아니신져.

떠나든임

『정주연학회보』 1권 2호, 1945.12.15

구름처럼 떠나는임
　재를넘어 배웅왔네

까마득이 떠나는임
　가샴 겨삼 따라오네

나도나도 뵈려가서
　뿌리치고 떠나오리

註 가샴 겨삼 — 가십시오 계십시오

—선달 초사흘
木月을보내고—

겨울달

『정주연학회보』 1권 2호, 1945.12.15

눈감만 바람이 불어
집집이 문단속 하고
　겨울달은 홀엄씨달
　아무도 보는이 없네

밤중만 바람이 불어
오는이 가는이 없고
　겨울달은 홀엄씨달
　홀엄씨 나와서 보네

어름짝 깍아 띄운듯
야물게 밝기도 하이
　겨울달은 홀엄씨달
　녹여줄낭군 이 있나

(섯달 열엿세 밤)

北岳山 산ㅅ바람 불어내린 날

『學兵』 2, 1946.2.

北岳山 산ㅅ바람 불어내린 날
屍體를 거두는 누나 네동무
피! 피! 피투성이의 三淸會館에
아무도 오지 않는 三淸會館에
屍體를 거두는 누나 네동무

朝鮮人民共和國 萬歲와
弱小民族解放 萬歲를
부르짖고 쓰러진 세동무의 屍體
얼굴박고 엎드린 李동무의 屍體
병원에서 寃死한 金동무의 屍體
北岳山 산ㅅ바람 불어내린 날
屍體를 거두는 누나 네동무

朝鮮이 世界로 나아가려는 지음
民主主義 기ㅅ발 아래 싸우다가
팟쇼의 毒牙에 慘酷하게도 넘어진
우리 學兵 세동무야 그대들 아느냐?

北岳山 산ㅅ바람 불어내린 날
한없이 눈물만 흘리면서
그대들 거두어준 누나들을 아느냐?

눈물이 그대들 얼굴에 떨어지면
하얀 손으로 씻어주고
눈물이 눈에 어려 않보이면
흰사매 깃으로 씻어가면서
그대들 거두어준 누나들을 아느냐?
피투성이 누더기 이불이나마
다둑다둑 덮어준 누나들을 아느냐?
그것은 婦女同盟 누나 네동무
머리에 오롯한 後光이 빛나는
오오! 그들이야 天使이었다!
오오! 그들이야 天使이었다!

北岳山 산ㅅ바람 불어내린 날
한없이 눈물만 흘리면서
屍體를 거두는 누나 네동무
머리에 오롯한 後光이 빛나는
오오! 그들이야 天使이었다!

英陵

『한글』 11권 5호, 1946.11.

下山 다하도록 王陵만 여겼더니
골골이 감돌아 瑞雲이 머흐레라
다시금 옷깃 여미고 저문 길을 우럴어

× ×

滿洲땅 北域山北 한 자락 외진 자리
瑞雲 첫눈일다 우럴을 것 못 되련만
어마한 임의 모습이 살아 정녕 겨오셔

對答없는 서울

『우리문학』 3호, 1947.3.

서울아 무엇을 생각느냐?
— 아무런 대답없는 서울 밤모습

별하늘에 우뚝 솟은 北岳山도
여기저기 전등불도
졸고 있는 銀漢 三更에
서울아 너는 무엇을 꿈꾸느냐?
그 무슨 꿈을 꾸느냐?
— 고요히 대답없는 서울 밤모습

벌써 꿈같아진 昨年
植民地란 간판을 박차버리던 그날
歡喜의 눈물에 號哭하던 革命鬪士들을
대문 걸고 이불 쓰던 親日派들을
서울아 너는 그것을 알겠지?
어제ㅅ일처럼 서언히 알겠지?
— 눈감고 대답없는 서울 밤모습

解放이라니 謀利輩의 解放인가?
解放되었다는 서울 長安에
쌀과 自由를 달라는 市民과
다시 地下로 들어가는 民族과 벗을
서울아 너는 보고 알겠지?
모조리 모조리 보고 알겠지?
— 눈물에 대답없는 서울 밤모습

어느결에 대문을 열어저치고
또다시 또다시 꼭 그대로
日帝生活을 이어가는 그 누구누구를
서울아 너는 알겠지?
속속드리 속속드리 알고 있겠지?
— 한숨에 대답없는 서울 밤모습

아아! 서울아 대답하려므나!
이밤도 또한 어둠속에서

電線대

『문화창조』 2호, 1947.3.

나는 전선ㅅ대입니다
우리동네 집집이
어두운 방마다에 불을 켜주는
나는 전선ㅅ대입니다

어느 춥고 깜깜한 밤
한 勞働 青年이 내 등결에다가
조고마한 종이를 붙였습니다

먼동이 트자 나는 보았습니다
우리동네 집집에서
職場으로 나가는 市民들의
억울한 눈들이 나를 보고는
눈동자가 빛나고 지나가는 것을

아아! 아침 햇빝을 떠받고
우뚝 솟아 나는 있었습니다
우뚝 솟아 나는 있었습니다

*

기름진 땅땅보 紳士가
눈을 부라리며 나를 보고간 午後
총부리를 둘러맨 나리가 오더니만
혀를 차며 내 등결의 종이를
갈갈이 찢어 버렸습니다

職場에서 돌아오는 우리동네 市民들의
시달린 눈들은 나를 보는데
하욤없이 나는 저녁하늘에
쓸쓸히 서서 있었습니다

*

그날밤에 또 靑年이 와서
다시금 내 등결에는
조그마한 종이가
꽉 붙었습니다

밤마다 밤마다
새 종이는 붙었습니다

나는 전선대입니다
우리동네 집집이

어두운 방마다에 불을 켜주는
나는 전선대입니다

지금도 나는 꼭 이자리에
우뚝 버티고 서서 있습니다

나의 눈물 나의 자랑

『문학』 3호, 1947.4.

中國사람이 나를 물을 때
인도네시야가 나를 물을 때
아프리카며 南아메리카 사람들
파리 시카고 모스크바
世界가 다투며 나를 물을 때
나는 자랑하리라
눈물로 자랑하리라
「一千 九百 四十 六年 가을
抗爭한 英雄들의 겨레이노라!」

항쟁 人民抗爭!
나의 눈물 나의 자랑 나의 英雄들이여!
世界에 잘도 알리었니라
李朝 五百年 日帝 四十年
짓밟히고 짓눌린 허물이기로
더한층 짓눌려야만 하는
永遠히 짓밟혀야만 하는
그것이 朝鮮人民이 아님을

항쟁 人民抗爭!
나의 눈물 나의 자랑 나의 英雄들이여!
眞理를 잘도 알리었니라
壓制에의 대답은 屈從이 아님을
蹂躪에의 대답은 抗爭 뿐임을

진실로 나의 눈물 나의 자랑
世界가 다투며 나를 물을 때
눈물로 나는 자랑하리라
「一千 九百 四十 六年 가을
抗爭한 英雄들의 겨레이노라!」

一九四七. 一. 一五.

트루맨大統領에게

『신조선』 5호, 1947.6.

싸디싼 美國品을 쓰라고
工場은 廢墟가 되고
埠頭에는 工作機械 대신에
밀가루와 낡은 캰디와 利除物資가
밀물처럼 밀려 옵니다

失業者와 妻子들은 거리마다에
양담배 상자를 말도 없이
행인 앞에 내미는
여기 極東의 半島 南쪽

西歐羅巴도 中國도
내야 모른다 하겠나이다
强盜들을 쳐부시고
人類는 어울려 살자던
포츠담은 허울로만 이름나지 않은 곳

이제 平和와 協調 대신에

소문엔 世界를 살수도 있다던
그 누구의 商品을
代辨하는 白堊館이오니까?

希臘도 土耳其도
내야 모른다 하겠나이다
地球가 빙빙 휘돌아
바야흐로 제철이 와서
눌러도 짓밟아도
生命은 솟아서 나오는 것을

大統領이여
히틀러의 부레키에도 까딱 않고
地球는 휘돌지 않으오니까?

一九四七. 五. 三

어서오라人民의벗이여!

『문화일보』, 1947.6.24

강도日帝가 함부로 총칼을 부릴때
앞장서서 눈물과 싸왔던것
그것이다! 강도의 총칼을
부추기던 원수들이 그대를
못잡아먹어서 하던것은!

三千萬이 머뭇거릴때
또렷이! 한참서서 가리킨
獨立과 平和와 自由의
그길은 과연 옳았다는것
그것이다! 나라를 팔려던
조國의 원수 저놈들이
毒사같은 혀끝으로 그대를
채 가려고 한것은—

그러나 人民은 당신의 품속에
그리고 당신 人民의 품속에!
그것이다!

人民의 自由와 幸福을 팔려던
人民의 원수 저놈들이
毒사같은 잇발로
人民의 품에서 그대를
앗아가려고 한 것은—

하지만 당신은 더 깊이
人民의 가슴속에 있었노니
太白 小白 줄기 줄기
十月의 人民들의 피자국마다에
당신의 이름은 삼삼하고

工場에서 農村에서 그리고
저 거리에서 억울한 人民들은
「어서오시라! 人民의 벗이어…」
당신을 불러불러 목도 찾았다!

어서 오라!
人民의 벗이어!
당신이 가리킨 길에
먼동은 텄고
앞장을 잃은 동포 人民은

당신만 당신만 찾고 있다!

一九四七・六・一八

내가자랑하려는 것은

『신천지』 2권 6호, 1947.7.

내가 지금 노래하려는 것은
無智와 暗黑을 위하여
權謀를 노리는 그차들이 아니다

내가 지금 자랑하려는 것은
오양간 같은 허울한 움집에서
흐리흐리한 눈으로 날만 보내던
낡은 겨레가 이미 아니다

여기 새로운 겨레가 있다
원수를 찾아 낸 저 눈정기
발발한 한주먹으로 뭉쳐
어버이고 자식이고 너도 나도
兄弟의 屍體를 넘어 서서
새삼 젊어진 새로운 겨레
날래고 싱싱한 겨레가 여기 있다

이미 마소의 눈깔처럼 서럽진 않다

하염없이 날만 곱지를 않는다
太白 小白 줄기줄기 山자락에.
횃불을 드높이
새로운 歷史를 만드는
그들이 내가 노래하려는
산 사람들
이것이 내가 자랑하려는 그것
아! 生動하는 겨레가 여기 있다.

一九四七. 一.

경주 ㅡ 서라벌길 목월(木月)에게

『한글』 13권 4호, 1949.4.

말골 고요하다
임은
영남(嶺南) 사투리

먼 산
태백산맥(太白山脈)
어둠사리 젖어 가고

어으름
서라벌길에
초록 달이 집니더

주(註) 말골= 佛國寺下 馬洞
초록달=초생달의 魂部를 木月은 그렇게 불렀다.

---

* 본명인 조영은으로 발표함.

불국사의 밤

『한글』 13권 4호, 1949.4.

눈작만 바람은 자고
밤이슥 하는도다

별 빛
말곳말곳
무영탑(無影塔) 말이 없고

섬돌
자욱 발자욱
천 년(千年)
밤은 고요히……

---

* 본명인 조영은으로 발표함.

길에서

『한글』 13권 4호, 1949.4.

역사(力士)를 사긴 돌이 논귀에 더져 있다
한 손에 칼을 들고 두 눈을 부릅뜨고
이제야 어느 무엇을 지키자는 말이냐!

---

* 본명인 조영은으로 발표함.

삼체석불(三體石佛)

『한글』 13권 4호, 1949.4.

눈웃음 입웃음에 삼체석불 웃는고야
시름은 잊은듯 나도 서서 웃어 보고
석양에 외론 그림자 밟고 도셔 오놋다.

---

* 본명인 조영은으로 발표함.

안압지(雁鴨池)

『한글』 13권 4호, 1949.4.

이울은 풀밭머리 섬돌이 옛자췬가
저문날 바람맞이 찾을이야 없으려냐
물가에 울려 오가는 물새조차 없고나!

---

* 본명인 조영은으로 발표함.

황룡사지(皇龍寺址)에 서서

『한글』 13권 4호, 1949.4.

동짓달 매은 해도 먼산에 잦소이다
하늘은 눈구름 휘저은듯 갈겨 있고
칙칙한 거칠바람만 내 가슴을 칩니다.

거칠다 하오리까 논이요 밭이오나
나그네 선자리는 큰나라 서울 절터
어마한 큰집 모습은 주춧돌 뿐이라오.

주춧돌 딛고 서서 말 차마 없소이다
밭머리 어둡사리 찬바람 맞이에서
기와쪽 발에 치이매 떠나지를 못하오.

내사 날이날마다 해매는 몸이외다
발이 부릍어도 아랑곳 없지만도
들섶에 쌓인 돌조각 마음 아파 하외다.

---

* 본명인 조영은으로 발표함.

정녕 서라벌길 어스름 서린 소리
어느 귀신들이 그 어디서 우짖는고
눈구름 저녁하늘에 갈곳 몰라 하외다.

—학병으로 경주를 찾아서(1943년 12월)

南行

『조선문학선집』 10, 한성도서주식회사, 1949.

1

북한산 밤 바람에 웅숭그리고 떠나왔다
湖南 기름진 벌은 뻘건한 아침볕에
지붕들 김이 뭉게뭉게 오손도손 하렸다

金萬頃 비인 들판에 눈보라 휘날리네
떡사슈! 엿사슈! 어린것들 아낙네들
驛마다 누더기들이 쫓기면서 외면서.

2

빨래소리 베틀소리 오손도손 하긴 하다
洋소금 타오는이 미국肥料 타오는이
供出짐 구루마 뒤도 밀어주고 하였다.

村風景

『조선문학선집』 10, 한성도서주식회사, 1949.

누런 노적더미들 國旗臺를 곱넘는다
주재소 굴둑에는 물신물신 연기나고
길건너 석은새 집이 서너가우 붙었다

노적 옆倉庫에는 洋도라꾸 드락나락
앞집 늙은이 누르스름 부은 얼굴
건넌편 보지도 않고 검불 걷어 들인다

지나는 아낙네가 노적마루 쳐다보며
「어허, 많기도하네 예나제나 눈물더미!」
웃으며 시시덕거리며 슬금슬금 내뺀다.

골목

『조선문학선집』 10, 한성도서주식회사, 1949.

1

어스름 눈골목에
우둑히 계집아이

물통을 놓고 쉬며
호오호 손을 분다

담넘어 「어린이 時間」
라디오가 들려와.

2

「조선의 랄랄라라……」
입버릇 부르다가

흘끔 돌아보곤
뚝 그치는 어린애들

헤어진 팔굼치들이
종종 앞을 서간다.

나는 비나이다

『고향의 시인들과 시인들의 고향』, 동남풍, 1995.

나는 비나이다, 그대 위하여.
행복하여라, 그대의 출범.
마음의 괴롬은 씻으면 되고요,
그대의 별은 빛나지이다.

나는 비나이다. 그대 위하여.
씩씩하여라, 그대의 출범.
진실함이여, 어머니의 길
그대의 별이 빛나지기를.

* 원문은 일본어로 되어 있는데 정종이 한글로 옮긴 것임.
** 1944년 3월, 경성보육학교 졸업 기념으로 쓴 시.
*** 이석화가 작곡하여 노래로 불렀다고 함.

종달새

조운 편, 『현대시조삼인집』

南風이 날 부르네
나는 간다.
잘 있거라.

겨우살이 죄 벗었다.
비비종 지리종종.

나는야 종달새란다.
철은 五月 陽五月.

보아라.
千里 萬里
푸른 하늘이 내 고향.

굴러 솟고 질러 솟고
비비종 지리종종.

---

* 『가람 이병기 전집』 1, 전북대 출판문화원, 2017.

나는야 종달새란다.

철은 五月

陽五月.

高原

조운 편, 『현대시조삼인집』

호오호 꾀꼬리루
오른 쪽 수풀이다.

白樺 상상가지에서
호오호 꾀꼬리루

비비비 비비빗 쪼잇
너도 누굴 찾느냐.

하늘은 쪽빛이다.
地平線 아스라이

아득히 하얀 솜떨기에
까만 峯이 뾰족뾰족

* 『가람 이병기 전집』 1, 전북대 출판문화원, 2017.

비빗쪼 비삣 쪼비삣

인젠 그만 울어라.

풀버레

조운 편, 『현대시조삼인집』

날 저물어 한나절
별이 나서 한밤내

이슬이라 마시고
우는 버레 풀버레.

솔솔이 바람은 불어
아으
가을이어라.

한숨도 아스라히
오늘 하늘 푸르러

젊어서 나그네
낯도 설은 고장에

---

* 『가람 이병기 전집』 1, 전북대 출판문화원, 2017.

들섶에 우는 풀버레
가을이야
설어라.

고향 하늘

조운 편, 『현대시조삼인집』

하늘은 푸르렀다.
고향하늘은 푸르렀다.
간밤 비바람에
어슨덧 이룬 꿈에
잊었던 고향 하늘이
파르랗게 폈었다.

싹 트고 필 무렵
그 무렵은 어린 날
철이야 어린대로
가슴에 품은 꿈은
열구름 흰구름처럼
파르랗게 탔니라.

이제야 꿈은 타고
구름에 구름처럼

* 『가람 이병기 전집』 1, 전북대 출판문화원, 2017.

풍상에 의지가지
헤매는 이 가슴이
외롬과 괴롬 속에서
파르랗게 질렸다.

살구꽃

조운 편, 『현대시조삼인집』

지나는 마을마다
살구꽃 반가워라.

울타리 울타리에
보라는 듯 엿는 모양

우리집
장광 뒷 놈은
어이 어이 됐느니.

* 『가람 이병기 전집』 1, 전북대 출판문화원, 2017.

제비

조운 편, 『현대시조삼인집』

올봄은 어느 도리에
어드런 집 지었느냐.

앞마당 빨랫줄엔
뉘뉘 옷이 널렸더냐.

제비면
다 내골서 온양
대고 묻고 싶어라.

---

* 시조 「鄕愁」(『문장』 1권 11호, 1939.12)의 넷째 수에 제목을 붙여 개작한 작품.
** 『가람 이병기 전집』 1, 전북대 출판문화원, 2017.

하루살이

조운 편, 『현대시조삼인집』

하찮은 목숨테기
우스꽝스러워도

찾은 빛 하나
그 아래서 죽는구나.

책장을 젖기려다가
한참 바라 보았다.

---

* 시조 「하루사리」(『동아일보』 1940.7.16)의 둘째 수를 개작한 작품.
** 『가람 이병기 전집』 1, 전북대 출판문화원, 2017.

一夜

조운 편, 『현대시조삼인집』

어이나
어디멘고 새 한 마리 울고 간다.

물 건너 불어 오는
비 품은 마파람에

나뭇잎 소곤거리는
異域
하룻밤이다.

---

* 시조 「鄕愁」, 『문장』 1권 11호, 1939.12의 첫째 수에 제목을 붙여 개작한 작품.
** 『가람 이병기 전집』 1, 전북대 출판문화원, 2017.

가믈(旱魃)

조운 편, 『현대시조삼인집』

울타리 쪽나무에
청개구리 비 부르면

새터 열 마지기 하늘
먼저 살피시던

아버지
이 여름 들어
소식 없으시어라.

* 시조 「鄕愁」, 『문장』 1권 11호, 1939.12의 둘째 수에 제목을 붙여 개작한 작품.
** 『가람 이병기 전집』 1, 전북대 출판문화원, 2017.

외할머니

조운 편, 『현대시조삼인집』

初秋蠶 한밥 때라고
외할머니 또 오셨다.

이만,
그만저만 떠나야지 하시면서

엄마와
秋夕 다드미
마주 앉으시었다.

---

* 『가람 이병기 전집』 1, 전북대 출판문화원, 2017.

落葉

조운 편, 『현대시조삼인집』

푸득 지는 잎이
손에 얼핏 잡히누나.

안개 어린 거리
해는 아직 아니 돋고

헤어진 소맷자락이
눈에
선뜻 뜨인다.

---

* 『가람 이병기 전집』 1, 전북대 출판문화원, 2017.

어머니

조운 편, 『현대시조삼인집』

밤새 쌓인 눈이
장독대 자이는데

부엌 뒷문부터
조심스런 발자욱들

아침상
동치미 맛을
내가 짐작합니다.

* 『가람 이병기 전집』 1, 전북대 출판문화원, 2017.

佛國寺의 밤

조운 편, 『현대시조삼인집』

松籟 잔잔하고
白雲橋 깃들였다.

별빛 말곳말곳
無影塔 말이 없이

섬돌에 자욱 발자욱
千年
밤은 고요히.

---

* 「불국사의 밤」, 『한글』 13권 4호, 1949.4를 개작한 작품(45쪽 참고).
** 『가람 이병기 전집』 1, 전북대 출판문화원, 2017.

皇龍寺趾에 서서

조운 편, 『현대시조삼인집』

동짓날 엷은 해도
먼 산에 잦소이다.
하늘은 눈구름
휘저은 듯 갈겨 있고
칙칙한 거칠바람은
古木 휘휘 칩니다.

거칠다 하오리까
논이오 밭이오다.
나그네 선 자리는
큰나라 서울 절터
어마한 큰집 모습은
주춧돌 뿐이라오.

주춧돌 딛고 서서

* 「황룡사지(皇龍寺址)에 서서」, 『한글』 13권 4호, 1949.4를 개작한 작품(49쪽 참고).

** 『가람 이병기 전집』 1, 전북대 출판문화원, 2017.

말 차마 없소이다.
가마귀 소리 없이
스치는 바람맞이
기와쪽 발에 채이매
떠나지를 못하오.

내사 날이 날마다
헤매는 몸이외다.
발이 부릍어도
아랑곳 없지만도
들섶에 쌓인 돌조각
마음 아퍼하외다.

吐含山 고개

조운 편, 『현대시조삼인집』

바람은 한의바람
吐含山 고개라네.

그리워 찾던 길
못 잊어서 또 오는 길

아랫골 그림자 못에
내 그림자 비칠레.

너머는 東海바다
吐含山 고개라네.

雜木은 헐벗어
떨고 섰는 겨울 날도

---

* 「石窟庵 — 토함산 고개」, 『춘추』 4권 9호, 1943.10를 개작한 작품(22쪽 참고).
** 『가람 이병기 전집』 1, 전북대 출판문화원, 2017.

석석석 石窟石窟庵

잰걸음친 길일레.

2

동요

정다웁지요

『매일신보』, 1944.2.21

새새는
　정다웁지요
서로 서로 가지를
　건너다니며
찌찌째째 찌째째
　정다웁지요

개고리 개고리는
　정다웁지요
웃논에 아랫논에
　소리합하야
개골개골 괴르르
　정다웁지요

3

소설

익어가는 가을

「제1회 신인문학콩쿠르 당선작」, 『동아일보』, 1939.3.19~1939.4.3

"님이도 부인단이구만?"

모를 쥐고 앞을 지내가는 이뿐이에게 판돌이는 이러케 가만히 말을 걸엇다.

"성님 대신으로는 못오간디?"

이뿐이의 대구하는 말이엇다. 이뿐이는 공연히하는 말인줄 알면서도 씰룩하고 물이 벙벙한 논을 철벅철벅 걸어갓다.

판돌이는 저윽히 재미가나서 빙긋이 웃으며 걷어올린 이뿐이의 아랫도리를 바라다보면서 다시 지게를지고 일어섯다.

모를 나르는 것이엇다.

그날은 판돌이네 모를심는 날이엇다. 언제나 이마을에서는 부녀들도 나와서 모를 심는 것이엇지만 금년부터는 진흥회가 생기자 부인단도 조직되고 품삯과 술담배를 절약하기 위하여 남의동내일군을 쓰지안코 각기 동내의부인단(婦人團)이 나와서 모를 심게 되엇다.

이뿐이가 제 자리에 끼어들어서 조금심으려니까 곁에잇는개똥어머니가 팔공이로 어깨를 쿡찌르며말햇다.

"조하허네 잉!?"

개똥이네는 웃으면서 엾눈질을햇다.

이뿐이는 얼굴이붉어졋으나 웃지는안코 좀 토라진 어조다.

"누가 조하지내서 말햇간디? …… 자기가 굉얀히 일 잘헌다고 놀려먹어서… 작난마라고햇재…"

"앵이 누가 모르깨미?"

이뿐이는 누가 들을까 보아서 엽을 둘러보앗다. 바로 곁에 잇는 냇건너집 순이네는 아는지모르는지 묵묵히 심고만 잇엇다.

"자아!"

하고 한편 줄잡이를하는 판돌이아버지 대규가 소리를 치니또 한쪽의 복동이 아버지 학근이가

"어이!"

하고 한줄 또 옮겻다. 여자들은 폇든 허리를 다시 굽프리고 심는다.

"참나! 기맥히네. 은제는 누가 그짓말합디여?"

이뿐이는 멀쩡한 거짓을거짓아니라고 하는 것이 우수엇으나 시침이를 딱떼엇다.

"그래도 속이 잇인게 그러재 머!"

개똥이네는 속우슴만웃으며 이뿐이의 말은 들어주지도 안헛다 이뿐이는 하는수 없다는듯이

"움마! 참 나!"

하고 헛우슴을 웃엇다.

낫 술참때 쉬면서 학근이는 이뿐이 말을 끄내엇다.

"일서 딸이 왓네그려!"

"……어쩨 그러는 속인가?"

수염에 덮인 입에 담뱃대를 물은 구장이 하는 말이다.

"아니 그저 크다큰 가시내가 부끄럽지도 안혼가. 왓신께 말이세!"

"그런게 그것이 어쩐 속이난말이여?"

구장은 이러케 말하며 껄껄 웃엇다.

"그나 저나 자네 딸 혼인은 언젠가?"

"허허허…… 그런게나 그랫재… 그래 자내 아들놈 배필을 골르는 속인가?"

"애이 사람!! 하하하……"

학근이도 구장만치나 늙은 이 마을의 늙은이 중의 한사람이엇다. 그래서 그들은 서로 허소를 하는것이엇다. 이번엔 대규가구장에게 말햇다. 그때 판돌이는 어른들이 그런 말을주고 받는데끼어앉엇는 것이 언잔허서 슬그머니일어서서멀직이비끼엇다.

"대치 서참봉네 아들허고 혼인헌답서라우?"

"응!…… 그런대 자네 아들놈은 몇 살인가?"

하고 구장이 저편으로 걸어가돌는판돌이를 턱으로 가르첫다. 대규는

"자도 스물이나 된다우만 어쩔란가 모르것소"

하고 말하였다.

"흐응! 또 자네는?"

하고 구장은 이번엔 학근이를 처다본다.

"우리복동이란놈도 스물하나나 먹엇다네!"

"허허 여 큰일이로구나!! 쌍마을 동내가 막 익어가네그래!!"

구장이 이러케 크게 웃으니 학근이와 대규도 웃엇다.

"참 그렇네 그래! 어디 좀시여보세."

"하하 대치 만소 만해…댁아들 저놈 서참봉네 봉수, 산넘엇집 그 뭐이란놈…그리 닛인가비요"

"그러면 머시매는 닛이고 또가시내는 몇인가?"

"가시내는 댁딸 저일서딸 감나뭇집딸"

"아니 정말 막들 익어간다 참! 하하"

"하하하……"

"그중에서 자네 딸허고 서참봉네 아들허고 또 우리 복동이는 누구허고허까?"

하고 학근이는 말햇으나 사실 속으로는 이뿐이를 점찍고 잇는 판이엇다. 이뿐이의 얌전하다는 소식을 들엇기 때문이다.

"아이 전런 사람!! 지금부터아조 하나씩맡어 두자는 말인가? 허허허 그사람 참!"

또 구장이 웃엇다. 구장은 딸의 혼인생각을하면 퍽 재미스러웟던 것이다. 그러다가 대규가곁에 노힌 징을 들며 구장에게물엇다.

"그만 쉬지라우?"

"그러소 어서 허세 참…"

대규는 징을 높이들고 크게 두다렷다. 부인들은 뚝에서 무엇인지 웃어가며 흥겨워 하다가 울리는 징소리를 듣고 일제히 일어섯다. 모두들 웃는얼골이엇다.

○-○

자그마한 야산기슭에잇는 이쌍마을(雙洞)은 작은 언덕으로둘로나

누어젓엇는데 웃동내 아랫동내라고 부르고잇엇다. 웃동내는 집이라고는 여듧가구 밖에 없엇고 아랫동내는 열댓가구며 합하여 스물대가귀엇다. 마을 앞으로는 큼직한 시내가 가로노혀잇엇다. 시냇물은 흔하지는 안헛으나 물이만흔때라도 평원(平原)이기에 퍽잔잔히 흐르고 잇엇다.

판돌이네 집은 아랫동리에잇엇다. 그러나 그의 밭 하나가 웃동리 저편의 산기슭에 잇엇고 그밭 아래가 바로 이뿐네집이어서 그것이 그들의 사이를 가깝게햇던 것이엇다.

모들도 다 심고 양력으로 유월도 거이 다 지낫다. 판돌이는 하로 콩과 수수, 퐤등을 심은 이뿐네 집뒷밭에 어머니와 옆집 수동이네와 가치 밭일을 갓엇다.

판돌이가 이밭에 와서 제일기뿐것은 물론 이뿐이를 만나는것이엇다. 괭이소리가 나면 이뿐이는 으레히 판돌이 홀로인가를엿본뒤 홀로일 경우에는 울타리바투 나와서 손질을 해 불러노코 이야기를 속삭이기도하고 깡밥도 주고 명절때는 떡도 갓다주는것이엇다. 이뿐이네 식구는 아버지와 오빠내외에 어린 조카가 잇을뿐이다. 아버지는 쉰이 넘엇어도 언제나 오빠내외와 논, 밭에 가치나가서 일하기에 집에는 어린 조카밖에 안남앗다.

그리고 판돌이가 밭에 올때는 열다섯살쟁이 아우를 데리고 오는 것이 예사엇지만 그것은 문제가 아니엇다. 아무데나 심부름만 보내면 마치일하기실던 아우는 언제까지나놀다 오기 때문이다.

그날도 이뿐이는 뒷밭에서 부인들말소리가 들려서 혹시나 판돌이가 안왓나? 하고 부엌으로 나가서 살창으로 엿보앗다. 그리고 울타리가 헐어서 낮게기울어진곳으로 보이는저편 밭둑에 판돌이가 앉엇는것을 보앗다. 판돌이는 일부러 그자리에 앉엇던것이엇다. 판돌이어머니와 또 한사람은 한쪽 구석에서 가끔 웃어가며 이얘기를 하고 잇엇으나 보이지는 안헛다. 그래서 이뿐이는 곧 울타리가가라앉은곳 앞에 상반신을 나타냇다. 그것을 판돌이는 기다리엇던것이다.

그러나 이뿐이의 얼골을 보기만하면 그만이었다. 판돌이는 한번 빙그레 웃고는 곧 드러가라고 눈짓을 햇다. 이뿐이도 상긋 웃어보이고 다시 안으로 들어갓다.

담배를 빨며 마루로 쓰는 평상에 앉인 이뿐이 아버지 일서는

"어디 갓다 와!"

하고 물엇다. 일서는 아무 뜻없이 물엇으나 이뿐이는 가슴이 뜨끔햇다.

"아니 저 물좀 먹으려고…"

이뿐이는 얼른 이러케 대답하고 방안으로 들어가서 바느질을 계속햇다.

아랫동네 어떤집에서 보리타작을 하는지 도리깨질 소리와 "어우어우" 하는 맥임소리가 가늘게 들려온다.

여름 해가 따겁게 머리우에 잇다. 점심때가 겨웟다. 보리 타작하는소리도 끈허젓다.

판돌이는 흙을 긁어붓던 괭잇손을멈추고 말햇다.

"어무니 진지 안 잡술라우?"

"응! 대치 그러자!····수동이네! 어서 가세!"

하고 판돌이네는 기다리엇던것처럼 곧 일어섯다.

수동이네와 무슨말인지 두런거리고는 웃으며 치마를털엇다.

"어서 앞서 가자"

하고 어머니가 말하는 것을 판돌이는 괭잇손을 이어서놀리며 주줄 주줄 시간을늘리고 잇엇다. 그리고 갈준비를 다한어머니가

"그럼 나오냐 간다잉!"

하고 수동이네와 밭이랑을 걸어나는것을볼때 판돌이는 반가웟다.

"예! 나 곧 가께!"

하고 판돌이는 큰소리로 외쳣다. 그것은 어머니에게한것이아니라 사실은이뿐이 들으란속이엇다. …

판돌이가 밭둑에다리를뻗고 앉앗으랴니까 과연 이뿐이가 울타리 저편에나타낫다. 판돌이는 곧 울타리 바투 쫓아갓다. 그리고말햇다.

"뭇해?"

"아무것도 안해…… 배 안고파?"

"응……"

만나기는 햇으나 다른 할말은 없엇다. 판돌이는 아래를 처다보던 눈을들어 이뿐이의 얼굴을 보고 방긋이 웃엇다.

이뿐이도 그의 얼굴을 보고 방긋이 웃엇다.

조금후 판돌이는

"저어 봉수허고 옥순이허고는 이참 가실에 혼인헌다드만 그래."

라고 말하엿다. 이뿐이는 얼골을 숙엿다. 판돌이는 눈웃음을 짓고

"또 만나 잉!"

하고 돌아섯다. —

한 몇날가믈어서 사람들이비를기다리던차에 어느날밤 부슬부슬 나린비에 앞 냇물이 불어 올랏다. 그리고 그날부터 한층더 무더워젓다. —한여름이다.

이런 여름날에는 이쌍마을 동리에서는 우아랫동내사이에 잇는 언덕위의 모정에 모여서 놀게된다. 그리고 밤에는 모정 조금아래 냇가 가까운곳에잇는 정자나무아래 모여서 노는것이엇다.

그곳은 저번에 새로 진흥회관(振興會館)이 스게되어서 더 조흔 노름판이 되엇다. 어둔 밤 어른들은세상이야기를하고어린이들은 속절없이 떠들고 웃고할 때 청년들은 그들의 제일 질기는 이야기 동리 계집애들의 정보를 주고받는것이리다.

아랫동리 서참봉아들 봉수는읍내보통학교를 졸업하고 서울까지 웃학교시험 치르러 갓다가떠러지고 나서 이내 스물이 넘도록 집에서 놀고 잇엇다. 동리 풍평은 어떤때는 건방지단 사람도잇고괜찬트란 사람도 잇엇다.

어느날 밤 봉수는 의례히 모이는곳 — 정자나무 아래로 나가는 길이엇다. 우물가까이 와서담배에불을 붙이고 한걸음 발은 띠랴니까 바로 그엽샘갓집(우물을 이곳에선 샘이라고한다) 사립문에서 "히히" 하는 웃음소리가 들려왓다. 봉수는 곧 '봉네로구나!' 하고 눈치를 챗엇으나 모르는체하고 소리낮게

"누구여?"

하고 물엇다.

"히히히! 나재 누구여!"

봉수는 속으로 빙그래 웃엇지만 시침이를 딱 떼고

"이놈의 가시내 어쨋다고 사람을 놀려먹어?"

하며 봉녜곁에 가까이갓다. 캄캄한밤 주위는 고요하다.

"야!! 늑어메 욥냐?"

봉수가 이러케물엇을때 봉녜는 "히히히" 하고 한번웃고 사립문안으로 숨으며말햇다.

"동상허고 웃마을 구장집이갓어."

봉수는 그말을 채 듣지고 안코 문안으로 얼른들어가며 반가운듯이 말햇다.

"아이 봉녜야 너나올줄 알앗냐?"

봉녜는 웃엇다. 어둠 속이지만 웃는이가 하야케 봉수눈에 띠엇다.

"아니 심심해서 문까지 나왓더니 담뱃불피는것 본게 님이드만."

"그래 난줄알고 웃엇구만?"

봉수는 소리없이 웃엇다. 그리고 오장이 바싹바싹 말라가는것을 느꼇다.

"응!"

봉녜도 속으로 웃엇다. 부썩어떤호기심이 이러낫다.

봉수는 잊고 잇엇든 담배를 한번 더빨고 아깐줄도 모르는 듯 내버렷다. 그리고 한거름 더 바투 봉녜 앞으로 닥아서서 입을 열엇다.

"야!!……"

"……뭐?"

봉녜의 몸 윤꽃이 경련을 이르킨듯이 흔들리엇다. 그와 동시에 봉녜의 소리죽인 말이 들렷다.

"노아! 누구 올라고!"

"어디?……아이 늑어메 은제갓냐?"

봉녜는 사살보다 더 세게

"아까 막……"

이라고 대답햇다. 그말이 끝나자 마자 봉수는 봉녜의 팔을끌어 안으로 걸어갓다. 봉녜는 조금 반항하려 하다가 곧 윌로봉수를 재촉하듯이 걸엇다. 진(집)안에는 초롱도 등잔도 켜지지 안헛고 하늘에 달도 없엇다. 그믐이다. 집안은캄캄하엿다. 봉수는 방 앞에 와서신발을 벗으려 햇으나 봉녜는무엇을 생각한듯이 주춤하더니

"누구 오면 어쩌고?"

하고 가만히 말햇다.

"그러먼?…"

봉수는 겨우숨을진정시키고 이러케말햇다. 봉례는 이리오라는듯이 자기가앞서서 뒤채로 돌아간다. 그러다가 또다시 돌아서서 마당으로 나가랴고 할 때 봉수는 봉례 옷깃은(을) 잡아다리며 소리만은 죽엇으나 거이 악을쓰다싶이 말햇다.

"뭇 허로?"

"문 장궈야재!"

봉례가 다음질처서 마당으로나가며 남긴 말이다. 봉수는 어쩔줄을 모르고 봉례를 딸아 마당가운데까지 갓다. 도야지막에서 도야지

가 "꿀꿀" 하고 소리를 첫다. 봉수는 끔직이나 놀래엇다. 마음이 소란해젓다. 봉례가 다시뒤채로 닫다싶이 걸어갓다. 뒤채에는 터가잇엇다. 어둡기는햇으나 한편 구석에 보리떼가 노힌것이허여케 눈에 띠엇엇다. 봉례가 그앞에서 발을 멈추엇다. ……

봉수는 봉례를 안은체 널어진 보리떼우에 딩굴어 버렷다. 전날밤 나린비에 젖은 보리떼는 낮동안나려쪼인 따거운볕에 고실고실 말라버렷엇다.

밤은 깊지안헛다. 봉례는 캄캄한 하늘에 빛나는 별들을 바라보고는 속으로 '히히' 웃엇다.—

봉례는 열아홉먹엇으나 아직시집을 못갓엇다. 그날밤 봉례네가 구장네집엘 찾아간것은 그일로햇다.

봉례네는 구장께이러케말햇다

"우리봉례란년이 올에 열아홉살인데시집갈때가다되엇어도장차 얌전찬허서큰일낫어라우! 그래도 올봄부터는 시집안보내준다고 자꾸 졸으기만해서 허는수없이 구장님한테 왓는디 어디 마땅헌디가 웁스끄라우?"

이러케 재재발지게 지줄대는 말을 듣고 구장은 너무나 천연스런것이 불쾌하엿으나 혼인말하는 것에 흥미를얻어 곧상대가 되어주엇다.

"글세 거 온마을에 맨당내년이 늦다고 할만한것들 뿐인지… 허허… 자네 딸이 또 바쁘다고허니 이…"

구장은 조금 웃다가 다시 점잔케 말끝을 길게 빼고 담배를빨며 생각을한다.

봉례네가 또 말햇다.

"사우라고는 누가 우리집에올라고 허것소? 그런게 아무라도 그년께 맞는 사람이면 조하라우"

"그런게 말이세 맞는 사람이이…"

"…저 웃동내 산념어집 아들은 어쩌끄라우?그집도 우리집 만치 백이 못헌게…또 그놈도 남봉이지만 그년은 그런편을 조하헐것인게라우!"

구장은 참지 못해 소리내고 웃엇다. 곁에서 듣고 잇던 안주인네도 웃엇다.

"그런가? 그러먼 한번 말해봄세!"

"예!!고맙소만 요새는 더 졸라싼게 얼름 좀 해주서야 쓰것어라우!"

"어이! 그러세만 딸 시집보내먼 자네는 어쩔란가?"

"나사 아무찌게라도 살제 어쩨라우!"

하고 봉례네는 어른 앞이라는 생각도없이 큰소리로 깔깔대고웃엇다. ―봉례네는 집에돌아오는 길에 홀아비로 사는 곽서방네집을 찾아 갓다. 일곱살쟁이 딸은 먼저 집으로 보내엇으나 아이는 정자나무 아래로 놀러가 버렷다. 곽서방은 서참봉네 옆집에서 살며 참봉네 소작을 좀 짓고살앗다. 봉례네가 곽서방네집앞에 다달앗을때곽서방은 서참봉네일을 갓다가오는때엇다. 그는 자기집으로들어가랴는 여인을보고

"누구여?"

하고 소리를 첫다. 곽서방이가까이 갓을 때 봉례네는 웃으면서

"나는 누구라고 깜짝 놀랏구만!"

하고 궁덩이를 내저엇다.

"어디가?"

곽서방이 빙긋이 웃으며 물엇다.

"님이네집이 가재 어디가?"

곽서방은 아무 말없이 집안으로 들어갓다. 오막사리 집이다. 방에 들어가서는 등잔에불을붙이고 봉례네를 쳐다보기만하엿다.

곽서방은 칠팔년전 마누라가죽은후부터 홀아비로 살엇다. 그리고 봉례네와 이러케 알게된 것은 봉례아버지가 죽은후 일년이되는 작년부터엇다. 이윽고 곽서방이 입을 열엇다.

"어떠케 나왓어?"

"아까 구장님한테 좀 갓다 오는 길이여!"

"구장한테? 구장한테는 뭇허료?"

"하하 뭇은 뭇이여?····· 봉례란년 때문이제!"

"흥! 그것들도 속이들어서!"

"그럼 사람은매 일반이재?"

곽서방은 이말을 하면서 흘림눈을 주는봉례네를 보앗다. 봉례네는 물론이고 나이마흔다섯이넘은 곽서방도 아직까지 젊엇다.

"가를보내고는 어쩔란가?"

"어디가서 술장사라도 허고잪은디 혼자어쩌까 몰라!"

"술장사는 안허면 어쩌간디? 여그서 그대로 살재 머!"

"어떠코? 혼자?"

곽서방은 이말을 듣고 픽웃으며

"둘이다 혼자씩 살먼 웃허는고?"

하고 뜻잇는 말을햇다. 봉례네는 방긋이 웃엇다.

"애기란년은 어쩌고?"

"너무집이라도 살리먼 어쩐간디?…그란하드라도 애기 없으먼 아순게 집이서자도 살리제"

결국은 둘이다 이러케 툭터노코 말햇던것이엇다.

봉례가 서참봉네 봉수와구장딸 옥순이가 혼인하기로 됏다는말을 들은것은 그날부터 너댓세되엇다.

저녁을 마친후 해저믈 무렵 보리쌀을 시츠려 집앞 우물에 나가서 서참봉네 어멈으로잇는 말순어머니를 만낫엇다.

"은 지까심을 인지깐네시초?"

하고 봉례는 전보다 한층더 친한양 이러케 은근이 인사를 햇다. 봉례는 그이튼날부터는 서참봉네 집안 사람이라면 누구나 반가웟던 것이엇다.

"어여! 내일 논을좀맨다고!"

"예예!…아따 요새는 어찌 그리도 더운지 참말 깨라도 벗고잡버라우!"

봉례는 이러케 말을하고 웃엇다. 자기로서는 친하다고 하는말이엇다.

"하하하! 새악시들이… 굉안히 시집 못갈라고 믄 말인가거?"

우물가 버드나무에서 매미들이한창소리를 높이고 잇엇다. 바람

이 꽉자고 마을의 개한마리짓지도 안는다. 잠간우물가에는 물소리만 낫다. 그때누구의발자국 소리가 들려왓다. 양복바지에 샤쓰를 입은 봉수가 담뱃궐련을 물고 오는것이엇다. 정자나무아래서 놀다가 그제야밥먹으로 들어가는 것이엇다.

봉례는 얼른 상긋웃고 고개를 숙이엇다. 저까장은 애교를 부린 것이 엇다. 그러나 봉수는 아무러치도 안흔 모양이엇다. 말순어머니는 흥미 없는 듯이

"어디갓다 오시오?"

하고는 다시눈을돌려 김치감을 씻는다. 봉수도 아무대답도 없이 봉례만한번 흘겨보고지나가 버렷다. 봉례는그때를 생각햇다. '그때는 믄옷을입엇든고?' 하는쓸데없는것을 생각하고잇을 때 말순어머니가 말햇다.

"자네아는가? 저도령이 장개가는 줄?"

봉례는 경련이 난듯이보리쌀 씻던손을 멈추엇다. 순간 야릇한감정이 일어낫다. 설마 자기자신은 아니겟지. 그래도…혹시!!하고 바짝 정신을 차리고 물엇다.

"아니 몰라? 왜? 누구허고헌답디여? 녜?"

봉례는 설레엇다. 자기가 그상대야 아니겟지만… 그래도 일전에 그런일도 잇엇으니까‥…하고 봉례는 자신이 그 상대일수도 없지안치안타고 말순어머니의얼굴을 뚤허지게 들려다보앗다.

"정말 몰라?"

하고 말순 어머니는 소리를다듣고서

"구장 딸허고 올가실에 헌다는디 그런다고 요새는 조하서날뛴다네!"
라고 말햇다. 봉례는 물론 그러리라고 맘은먹엇지만 새삼스럽게 락망과 외로움이 북받혀 올랏다. 그리고 옥순이에게대한 질투심이 일어낫다. 봉례는 아무말이 없엇다. 봉례는 말하기가실혓고 할래야 말할 힘도 없엇으나 말순 어머니의 의심을 살가보아서 하는수없이 힘을 수습해서 입을 열엇다.

"그런다우?!"

그리고 혼잣말 하듯이

"옥순이는 조하허것소."
라고 겨우 말을 마치엇다.

말순 어머니는 김치감을 다씻고 가버렷다. 뒤에는 봉례 홀로 남엇을 뿐이다. 텅 뷔인 우물가에 홀로 앉엇엇다.

그리고 보리쌀도 씻는둥 만둥 집으로 들어가 버리엇다. 날이어두어 젓다.

잠자리에 누은 봉례는

'망헐놈 자식!' 하고 속으로 욕을햇다. 그러나 하는수없는 일인줄은 잘알엇다.

다시 봉례는 그날밤 일을 생각하고는 가슴만 벌떡거리엇다. 그러자 그의 머리에는 얼핏

'머시매는 누구나 다같지머!'
하는 생각이 떠 올랏다.

"대치" 하고 봉례는 빙긋이 웃고는

'나도 안이뿌지만 봉수 지까진 놈은 잘낫간디? 돈만 가젓다 뿐이재 머! 흥! 괜찬타야! 머시매는 누구나 다 같지 머!'

이러게 생각하고 분한고 슬픈 마음을쫓아 닛다. 그리고 다음부터 그일은 일체 잊어버리기로 햇다. 그러나 또 하나 그의 마음에 걸리는 것이 잇엇다.

"아니?! 배가 불러지면 어쩌꼬."

봉례는 다시 걱정스러워 젓다. 그리고 한참 궁리한다음 모든것을 한시라도 바삐해결해버리는것이 상책이라고 생각하고 이제막곁에 누은 어머니에게 말햇다.

"어메 어쩨 인지 깐내 아무 말이 없는고"

"뭇야?"

"……구장네 그것……"

"누가 아냐?!…… 못난것이…좀참어라."

"못낫어도 어쩨좀! 넘은 열 다섯살 열 여섯살부터들보내드만…… 사람을 늙여 죽일란가 원?"

"아따 참 그년 퍽 씩씩거리네"

잠간 침묵이 게속되엇다. 다시 봉례네가 툭 하는 어조로 입을 열엇다.

"저 웃동내 용옥이는 어쩌니야?"

봉례는 번쩍 정신이 낫다. 용옥이의 멋드러진 모습이 눈에 떠올랏다. 봉례는 슬그머니 웃으나 방안이 캄캄해서 봉례네는 몰랏다. 그래도 봉례는 아무러치도 안흔 듯이

"뭐 내팔자에 누구고 누구고 취래서 갈수잇간디? 어디든지 어매 조혼대로 후딱하는 것이 조하나"

"아이 썩은년 조혼개비구만!"

봉례는 속으로 또한번 웃엇다. 그리고 뒤안 보리떼 우에서 받은 감촉을 생각하고는 하마트면 '해해!' 하고 소리를 낼번햇다.

구장을 재촉해서 얻은 용옥이네집 혼인말은 가을에나 하자는 것이엇다. 봉례는 그말듣고 다시 채축을햇다.

"어메! 어메가 그집이 가서 말해보재! 가을에는 일손도 모지래도 그런게…지금허자고응?"

"아따 그년 참!…헌다고 허는디 그새를 몸참어서 그러냐! 허허 참!"

이러케 봉례네는 말을하고 곧 곽서방을 생각하엿다. 그리고 속으로 '— 허기사 저것들도 사람인게 —'라고 두런거리며 속으로 웃엇다.

이튼날 봉례네는 용옥이네집을 찾어갓다. 집에는 용옥이 부모와 용옥이가 잇엇다. 이집 식구는 이것밖에 없엇다.

봉례네는 은근히 인사를한뒤에 용옥어머니를 문밖으로 더리고 나와서 말을 끄내엇다.

"접때 구장님한테서도 말을들엇거지만 그혼인은 얼름 어떠코라도허면 어쩌컷소……인자 가실도 닥처오고 집안 일이 바뻐질것인게 봉례란년 데레가면 일은 잘 헐것인게라우!"

"그러면 조켓지만 작만해 논것이 잇어야제."

"서로 다 읍는집인디 을매나 조케 허겟소?"

"글매……그러면 용옥아베보고말해봄세."

"예! 지녁때 또한번 오께 말슴 살아 봐게라우!"

그러나 그날 저녁때 봉례네가 갓을때 용옥아버지는 어쩌든지 가을에만 하자는것이엇다.

봉례는 그말을듣고 초조한마음을 어찌할수가없엇다. 그는 가슴을 울렁거리며 생각햇다.

"—큰일 낫네! 배가 불러지먼—."

그뒤 몇날이 지나서 쌍마을 동내에 한가지 소문이퍼젓다. 그것은 초승달이 서녁에 잣은 어느밤 늦게 용옥이네 참외밭 원두막에서 봉례가 나오는것을본 사람이잇엇다는것이엇다. 소문은 누구의입에서 나온지도 모르게 정자나무아래서부터 우물가에로 그리고 모정에까지 퍼젓다. 그리고 용옥이가 정자나무아래로 놀러나오면청년들은 일제히 웃엇다. 그리편이주제뻔뻔한 용옥이는 일떼갓을머드러지게 제켜 쓴대로가치 따라 웃엇다. 그리고 말햇다.

"놀앗으먼 어쩌난 말이여 못놀은 느그들이 빙신이재. 야들아 도회지로 나가봐! 아조 하이칼라 빼족구두신은 가시내들허고 사내들허고 손잡고 댕기재!"

"해해! 지가 가봣는 개비네!"

"안가봣으먼 그것하나 모를깨미?"

"야! 그나 저나 재미는 잇디야?"

"이놈으자식! 한대 안 갈겨버려!"

용옥이가 이러케 주먹을 쥐면 대개는 뒤가 물러젓다. 그리고그들은 말머리를 바궈버렷다.

"대체 그도회짓놈들은 어떠코 사는가몰라잉?"

"어떠코는 어떠코 살아 그냥살재."

"아니 저……."

그들은 자기의 말이 무엇을뜻하는지도 몰랏다. 그리고 그런말 끝으로는

"하여간 재미는 볼것이다!"라는 말을햇엇다. 그러나 그런것은 한가지 꿈밖엣일로써 그들과는머언 또하나 다른세게가 될뿐이엇다.

용옥이와 봉녜의 이소문은이러케해서 점점 사라젓다. 봉수는속으로 퍽우수엇다. 그래도 자기의 한일이 그로인하여 완전히 자최가 없어짐을 생각하고도리어잘되엇다고 생각햇다.—

비가 온지도 벌서 너덧장군이 지낫다. 마을 앞 냇물이 아조말러버렷다. 김은겨우 매엇으나 벼에 물오르는 때가 다처오기에 머지아니 비가안오면 못쓴다고 모도들기다렷다. 그러나 하늘은 날마마 해맑은체 채차꼬 날이 지나갓다.

팔월중순의 어느날 복동이와용옥이가 참외를 팔러 읍내 장에갓던날은 바람이부는 날이엇다. 복동이 어머니는 참외판 돈으로 옷감과 이튿날 밭일붙일 준비로 갈치같은 것을 사려고 아들을 따라 갓다. 복동이네는 옷감갑이 너무나 오른데 퍽 놀래엇다. 동내안에서 꼭하나잇는 삼채네 가가에서는 성냥이 너무 비싸서 그것도 사려햇으나 마찬가지엿다. 그래서 결국은 갈치 다섯 마리 밖에 사지 안헛다.

용옥이는 집에 들어가자 마자 어머니에게 이러케 말햇다.

"어머니 큰일낫서 큰일?"

"어째 웨 어쨋냐?"

용옥어머니는 아들이너무나 질색하는양에 깜짝 놀랫다.

"저어 복동이 어머니가 읍내서 옷베뜰라다가 두배나 세배나 올라서 못삿다드만."

"나는 깜짝 놀랫구만 그것이 무엇이 그리 큰일이냐? 혼낫구만 그놈…"

"아니 가실에 성례 헐일은 안생각 허간디?"

용옥이 어머니는 지름살진 얼굴에 우슴을 띠우고 한참 아들을 바라보고 잇다가 말햇다.

"……그때되먼 안 내릴라드냐? 언제까지 그러먼 어떠케 살게……"

용옥이는 그래도 맘에 걸리는 듯이

"아니 장군들은 전장땜세 올랏으니 좀체 안 내릴것이라고 그러던디!"

라고 말햇다.

"아따 이놈아 그런 걱정은 말고 일이나 부지런히 해~"

용옥이 어머니는 웃엇다.

복동이네는 저녁때 보리쌀씻으며 옷감이 모조리 두배나 더올랏다는것을 풍을 떨어 외첫다. 장꾼들이 무명것은 곧 없어질것이라고 하드란 말도 햇다. 동내사람들은 걱정햇으나 없어진단 말이 퍽 이상스러웟다. 그래서 그들은 이러케도 말햇다.

"무명이사 우리 밭에도 잇는디 어째 없어지는고? 그것은 말이 아니다!"

"그것이야 어떠코 우리가 알노릇인가? 그저없어진단게 그러는줄 알지."

"없어진단것은 공연한 헛소문이지 참말로 없어지리라고?!"

그들은 끝까지 믿지 안흐려고 햇다. 그들에게 잇어선 전쟁도무엇도 자기들과는 연이 먼 또하나 다른 세상이엇다. 그지음 십전이나 이십전식 구장이 받아가는 저금이 퍽 큰 타격이엇으나 그것도 허는 수없는것이라고 단념을햇다.

물가가 오른다고 떠들어도 그들이 읍내로 물건사러 가는것은 닷세만에 한번씩 서는 장날도 한파수씩 걸러서 한두 사람씩 갓다오는 것이 예사엿다. 용옥이 네가 외첫던 옷감이 올랏다는것도 곧 그들의 머리에서 살아지고 말앗다.

복동이는 장에 간날 어머니 몰래 따로 참외를 팔아서 퍽 중요한 물건을삿다. 그리고 지푸라기로 싸서 지갯발에 붙엿다. 그것은 다른 사람 특히 어머니의 눈에 띠지 안토록하기 때문이엇다. 그리고 그우에 갈치를 얹어가지고왓다.

그것은 여자의 힌 고무신이엇다. 복동이는 옆집 몬레와 약속을 햇던 것이다. 처음엔 삼성금반지와 신발을 사다주기로 약속을 햇으나 고무신 값이 너무나 비싸저서 신발밖에 못 삿던것이엇다. 복동이는 아무도 모르게 삿엇고 아무도 모르게 가지고왓다. 그고 자기집 사립문을 들어오면리서 큰소리로 헛기침을 하고혼잣말로

"비가 올란가? 바람 부는것이—"

라고 말햇다. 그것은 옆집의 몬네게 알리는 속이엇다. 물론몬레는

곧 알아챗다. 그리고 그날밤 복동이네 원두막에서 복동이와 만날것을 생각하엿다.—벌서 귀뜸이 잇엇던것이다.

해가 저물엇다. 보름달이 밝은 밤이다. 몬례는 바뻬 설거지를마치고 빠저나갈궁리를하고 잇엇다.

"까락지랑 사갖고 왓을까?"

몬례는 이러케 생각하며 반지를 찔왼손을 들어 손가락을 쭉펴고 한창바라 보앗다. 가슴이 두근거리엇다. 몬례는 바느질감을 좀 뒤저보다가 문득 꾀가하나낫다.

"어매 웃동내 금히가 꼭좀오라고허든디… 믄 수를 놋는데좀봐도라고……"

금히는 그들의 일가집 애엿다.

몬례어머니는 의심하지도 안코

"오락허면 가렴" 하고 쉽사리 허락하엿다. 몬례는 어머니의 눈을 보며 마당의 평상에 잇는 아버지를 가르첫다.

"조금 잇다. 나가시고나먼 가렴!"

어머니는 가만히 말햇다.

"—됏다."

몬례는 기뻣다. 그리고 원두만을 또한번 가슴속에 그려 보앗다. 그곳에는 자기가 기다리는 힌 고무신과 반지가 잇다.—

—몬례는 가슴이 울렁거리엇다.

이윽고 몬례 아버지가 담뱃대를 물고밖알으로 나갓다. 몬례는 울렁거리는 가슴을 눌르며바느질감을 조고만손에들고 문밖으로 나갓다.

낮에도 바람은 불엇지만 햇볕에 더웟엇는대 밤에는 차므로시원햇다. 바람은 마파람이다.툭터진 동내앞 저쪽남쪽에서 바람이 불어온다.몬례는 아랫동내 왼솔밭으로 달음질 치다싶이 걸어갓다. 저편기슭에 복동이가 기다리고잇는 원두막이 잇다. 며칠전 복동이가

"그러먼 내가 외랑 따다 노코 기다리고 잇으께."

라고 한말이 다시귀에 들려오는것같앗다. 솔밭에는 바람소리밖에 들리지 안혓다. 저쪽편 정자나무 아래서 떠들고 잇을 아이들의 아우성도 바람에 휩쓸려들리지 안는다. 몬례는 자기가 이러케 달밝은밤솔밭을 걷고 잇는 것이 한가지 아름다운 꿈인것같앗다.

솔밭 기슭 가까이 와서, 몬례는 복동이가 소리 낮게 노래를부르고 잇는것을 들엇다. 몬례는돌맹이를 집어 소나무 가지에 부디첫다. 소리가 울린다. 복동이는 노래를 끄치고

"누구여?…몬…너냐?"

"하하하! 내가 몬이간디?"

"웅! 망헐것 기대렷구만! 몬례라고허다가 다른사람이면 용옥이들 만치로 소문나게?"

몬례는 사다리에 발을 딛엇다. 그러나 그순간 이제막 복동이가 말한 봉례와 용옥이의 소문이가슴에 걸렷다. 그래서 좀 주춤하고는 말햇다.

"누구 오면 어쩌까?"

"여까징와 가지고 그런 것 걱정헌구만? 괜찬흔게 어서 올라와!"

몬례는 어쩐지 끌려가는것처럼 막속으로 들어갓다.

"너 어떠코 나왓냐?"

"아버지가 나가서!"

몬례는 이말을하면서부터는 더욱 불안스러워졋다. 아버지 몰래 웨 여기를 왓을까?

"까락지는 말이야"

하고 복동이가 말을햇다.

"살라고 햇어도 항상 나오던 것이 해필 오늘장에는 안낫고 또고무신이 너무 비싸서 못사왓다"

그리고 복동이는 한편에 간직해 두엇던 힌고무신을 몬례앞에 내노핫다. 몬례는 기다리엇뎌 고무신을아페노코도 처음부터 불쾌한봉례와용옥이 소문을 생각햇기때문에그다지 반갑지도 안헛다.

몬례는 의무적으로 고무신을신어봣다.

신은 꼭 맞앗다. 그러나 곧 이런 생각이 낫다.

"—이것을 언제 신는고? 어매도 모르게?……"

사실 몬례는 어머니 몰래는 신을 겨를이 없엇다. —웨 사기전게 그것이 생각 안낫을까? 한번 사버린 이제야 복동이에게 미안할뿐 따라서 복동이 말도 들어주어야 겟지! 몬례는 마음이 두려웟다. 몬례는 물엇다.

"너 이것 얼매 주엇냐?"

"구십 오전……"

"오오매 그러케 만히나?!"

"괜찬해…… 그런게 너 내말들어 잉!"

몬례는 그것을 두려워햇던 것이다.

"믄…… 말?"

몬례는 너무나 심란한 나머지 모르는체 하려고 하엿다.

"너 그새보 잊어버렷냐? 어메나 아부지께 이러 이러 한게라고 졸으란 말이다."

"그런게 믓을?"

"나허고……폴세 말 안튼?"

복동이는 신경질로 성을 바락내엇다. 그러나 곧 몬례게 미안한 생각이 나서 다시 웃엇다. 몬례는 두려워서

"응, 그말……해보기는 허지만……"

하고 말햇다.

"야! 몬례야!! 그럼 넌 내가 실흔것이로구나?"

몬례는 얼른 아니라고 고개를 흔들엇다. 그러나 여전히 두려웟다. ―'내가 웨 여기를 왓을까―' 하고 생각햇다.

"그러먼 어째서……"

하고 복동이는 몬례의 옷을 잡아다렷다. 몬례는 깜짝놀라.

"아이!"

하고 간얇은 소리를 치며 몸을 흔들엇다.

"나 그러먼 간다잉!"

"너 정말 내가 실냐?"

"그럼 니가 이런짓 안허먼 조치만"

복동이는 그 말을 듣도 조금무엇을 생각하고는 몬례 옷깃을 노코 말햇다.

"이것이 뭇이 나뿌간디?"

"…그래도 어른들은 용옥이랑 봉례랑 욕허든디!"

복동이는 아무말이 없이 앉앗다가 한편에 노엿던 참외와 칼을 내노흐며 먹으라고 권햇다. 몬례는또더 오래 잇으면 무슨일생길지 두려워서 간다고 일어섯다.

복동이는 어쩔줄을 모르고 치마짜락을 잡앗다가 참외도 들어다가 끝으로 고무신을 들고 말햇다.

"야! 몬례야! 너 어째 그러냐? 정말 갈래?……그러면 내말듣지?……아니 아나 고무신! 안갖고 갈래?"

몬례는 겁이나서 곧 사다리를 내려버리고는

"고무신은……나중에받으께!"

라고 말하엿다. 그리고 복동이가 그말을 듣고 어안이 벙벙히 섯는것을 보고 조금 두렵기도하고 미안하기도해서 조은말로 입을 열엇다.

"저 어메보고 랑 잘 말해봐서 되겟으면 받으께!"

복동이는 원두막 우에서 고무신을 손에 든체 아무말도 못하고 몬례의 뒷통수만 처다보고 잇을수밖에 없엇다. 그리고 몬례가 솔밭사이로 사라지고난 뒤에도 한참을 그대로 잇다가

"—빌어먹을가시내!!"

하고 혼자 부아가 나서 신발을땅위로 내던저버렷다.

복례는 원두막이 안보일만큼와서 한숨을 한번 내려쉬고

'—응 인자 안만나면 그만이재!'라고 혼잣말을 햇다. 그리고 옆집 마당에서 복동이 소리만 나면 울타리 틈으로 내어다보랴고 애를 쓰든 자기를 미쁘게 생각햇다. 그리고 또한번 —안만나면 제일이재!—라는 생각을 하고 마음을 노앗던것이다.

○

이튼날도 바람이 불엇다. 마파람!! 언제나 비가오려면 부러오는 마파람이다.

날마다 맑든 하늘이 흐리고 또 그이튼날도 바람이 불엇다. 그리고 그날 저녁때 거차른 날파람이 한번 휘불은뒤 굵다란 빗방울이 덧기 시작 햇다. 번개가치고 뇌성이 울고 비는 그날 밤까지아니나렷다.

이튼난 일른 아침 마을 사람들은 삽과 괭이를들고 제각기 논으로 나갓다. 물꼬를 치고 둑을 든든히 막으려는 것이다. 아침해가 오른다. 햇빛이 들가운대 삽을들고 섯는 그들의 얼굴을비치엇다. 머얼리 새파란 벌판이연속되고 벼입에고인 빗방울이은빛으로 번쩍이고잇엇다. 그들은 모두들 자기네 논의 벼를보며 가을의 수확을 생각하고 잇다.

풍년이다. 벼가 이러케 잘되지 안헛나 번개 뇌성이 만흔해는 풍년이라더니 그말이 꼭 맞고나!! 얼마나 감사한 내 논이냐? 얼마나 아름다운 우리네의 들판이냐?! 그들은 무의식이나마 이러케 생각햇고 무의식이나마 자기네의마을과 들에 흐르고잇는 평화스러운 공기를 호흡하고 잇엇다.

그순간엔 그들은 그논이 남의소작논이라는것을 다잊고 잇엇다.

비가 온뒤부터 기후는 한층 서늘하여젓으나 날은 날마다 개엿다. 게절이 바뀌엿다. —가을이다. 벼꽃이피고 그리고 벼에뜨물이 들고 그리고 벼알이 날로굳어갓다. 밭에는 수수와 조가 익어가고 감자가 밑들어갓다. 깨끗이 피엿다. 매일꽃도 피엇다. 그리고 콩꽃도 피엇다. 모두 알이들고 익어간다.

마을에서 어린이들이 들과밭에나가서 새를보느라고 —"우여어!" 하는소리가 여기저기서 들려왓다. 벼가 누러감을따라 소나무를 심고 햇볕만가리는 곳도 잇엇다. 논에는 사내아이 밭에는 게집애가 목청이쉬도록새를쫓앗다.

마을앞 내뚝에는 판돌이네 새막과 서참봉네 새막 또다른 논둑에는 복동이네와 구장네 새막이 잇엇다.

복동이는 항상솔밭 저편 밭으로 나갓다. 그밭 가까이 몬례네밭이 잇기때문이다. 따라서 논에는 어린 아우들을 보내엇다. 몬례가 새보러 나오는 일은 드물엇다. 집에서내보지안는것이엇다.

복동이는 누가나오나 친절히해주엇다. 어린애들이 오면 엿도사주엇다. 어느날—그날도어린이들이 나왓엇다. 그런데 점심부터 몬례가 새보게 되엇다.

복동이는 그밤 이후부터 몬례가 자기를 실여하는것을 알아채엇다. 그것이복동이에게는 큰고통이엇다. 그리고 언제나 몬례를 만나면 그밤 자기가 잘못햇다는것을 빌려고 만나기를 벼르고 잇든차 그러케 아무도 없는 밭에서 만나게됨에 너무나 반가웟다. 그러나 한편 아른치도안흔 몬례를 볼때 자기의외로움이 더욱 슬프게 생각되엇다. 복동이는 몬례가 막떼기를 들고 앉앗는 둑 가까이 가서 더 바투 갈생각도안코 그 자리에서서 몬례를 불럿다.

몬례는 복동이가 곁으로 오는 것을 알앗으나 고개를 숙이고 대로 흙을파며 모르는체 하다가 자기를 부르는 소리에깨어난듯이고개를 들엇다.

"니가 그쩍부터 나를 실허하는 것 같드라만 내가 잘못햇십께 용서해 도라야!! 그전에는 이러코 만나면 말이라도 해주고 웃기라도해주더니……이러고 모르는척헌게 참말로섭섭허다야!!그쾌도 내가 잘못햇심께 용서허고말이랑 해도라야!!"

복동이도 대막떼기로 땅을허저기며 말하기 어려운듯이 이말을 해버렷다. 몬례는 고개를 숙이고 가만히 듣도 잇다가 그런말하는 복동이가 갑자기 불상하게 여겨짐을 느꼇다. 그리고 자기자신이 도대체 너우(무)나 변해버린것도 잘못이엇다고 생각햇다. 그리고 다시 복동이와 친해질 마음이 일어낫다. 어려서부터 친하게 놀던것을 생각하니 역시 그러케말도 아니햇다는것이 잘못이엇구나 라고 생각햇다. 그래서 몬례는 주위를 한번 둘러보고 이러케말햇다.

"아니 나도 잘못햇다야!! 어쨋는지 그러코 되야서…"

몬례는 복동이를 쳐다보고웃엇다. 복동이는 너무나 반가워서 눈앞이 아찔하니 어지러워짐을 느꼇다. 그래서 한참 그자리에 섯다가

"고맙구만―"

하고 돌아서서 다라나듯이 자기밭쪽으로 걸어갓다. 그걸음은그에게 잇어서 얼마나 아름다운 얼마나 기꺼운것이 엇든지―.

○

몇날이지낫다. 아침저녁이 치워젓다. 가을이 마구 익어간다.

반달이 서녁하늘에 걸친 밤 판돌이는 웃동내 이뿐이네집 위의 솔밭에서 이뿐이와 만낫다.

판돌이는 봉수가 구장딸하고 혼인한단것도 벌서 알고 용옥이소문도 들엇고 복동이가 몬례와 조하지낸단것도 복동이자신의 작란말로 눈치챗엇다. 그런말을 들을 때마다 그는 이뿐이가 그리웟다. 그래서 어떠케해서던지 자기도다른동무에게 지지안흐려고 생각한것이엇다. 그리고 그날밤 만나자고 찜을 짠것이엇다.

"어이! 봉수랑 용옥이랑은 올가실에 혼인허고 복동이도 그럴것이라고들 허든디……"

판돌이는 이뿐이 겻에앉앗다. 반달이지만 하늘이 맑어서 휘양창밝은밤이다. 솔폭 사이로 달빛이 흐르고 수수밭에서 버레들이 울고잇을뿐마을은 고요하엿다.

판돌이는 이뿐이 때문에 그러케나 된것처럼 이러케 따지엇다.

이뿐이는 고개를 숙이고 잇다가 말햇다.

"우리도 그깥은것은 걱정 없지머."

판돌이는 가슴이 두근거렷다.

"우리 아부지가 요참에는 그런것에맘을 두고 잇는가 님이 말도하드만" 판돌이는 반가웟다.

"어째 내말을 허까 잉?"

이뿐이는 웃으며 판돌이를 보앗다. 솔사이로 흐르는달빛이 그의 얼굴을 빛쳣다 판돌이는 이뿐이의 웃는 얼굴을 들여다보고 잇다. 이뿐이는 입을 열엇다.

"님이가 제일 착실허다고…"

판돌이는 조금 부끄러워서 처녀처럼고개를 숙엿다. 그러나 가슴은 한없는기쁨에 날뛰고 잇엇다. 싸늘한바람이 수수밭을 스치고 솔밭을 지나갓다. 수숫잎이바람에 흔들리어 바스락바스락 소리가 낫다. 둘이는 그소리에 놀라서 서로 얼굴을 바라보고는 뒤를 돌라보앗왓다. 조금후 판돌이가 말햇다.

"쑤싯대 소리구만."

둘은 눈웃음을 지엇다—

—끝—

4

산문

되려意外 「익어가는가을」의 작자로서 당선소감

『동아일보』, 1938.11.3

여러분께 謝罪해야겟습니다. 이러케 힘없는 우리文化에도움도 적을 價値도 작을作品을 드리게된다는 것을— 그나마 出發의 第一步에 잇어서…….

그러타고 기쁘지안탄것은 아닙니다. 벼르고 벼르던 文壇求景의 機會를 얻엇기에…….

그러치만 이런나위에서 作品이入選됫다니 우리文壇 特히 新人文壇의 健康狀態를 疑心하지 안흘 수없어 자못不滿을 느꼇습니다. 여기에 잇어서 여러분과 더부러 저의 義務는 善良한 諒解 調和 誠實한 人間 行動이 아닐까요?

내가 본 時調型

『문장』 2권 6호, 1940.7.

그네들은 比較的 긴 歌詞 歌曲 등으로 情緒를 품어오다가, 그것이 矛盾인 것을 곧 感知하였으리라. 풀자면 限이 없을 가슴, 그러나 장황한 型에 차마 親해 보질 못하였단 말이다. 그렇다면 俳句같은 短型은 왜 생기지 않었을까? 本이 唱이기에 그런 短型은 唱으로 成立할 수 없는 까닭이겠으나 唱의 問題를 떠나서 보더라도 그건 當하지 않은 말이다. 하여서는 안됨을 알지마는, 하지 아니치 못하는 마음. 章 하나면 넉넉할지 모르나 그것은 너무나 無慘한 拘束이다 그러기에 初章과 中章을 마련하였다. 그러나 結局 奔放을 할 自由가 없었다. 길게나 짧게나 하자도 할 수 없는 이 必然에서 생긴 三章調다. 大陸도 섬도 아닌 半島다. 俳句의 簡潔한 結論에 晏然하는 樂天性이 없다. 이는 同時에 辭說時調 엇時調보다 平時調가 더 發達된 理由도 된다.

하여튼 國民的 感情 律動이 낭글낭글 익었을 때 뜻하지 않고 읊은 것이 時調였으리라. 그리고 지금 우리가 型이라는 것은 이 感情 律動을 이름일 것이다 뛰여나오는 初章, 겨나가는 中章, 억제하려고 애쓰는 終章. 그런대 이를 가지고 尾韻이 어떻느니, 各章이 몇字식이니하는 이가 있으니. 그건 누가 規定하였든 것이며, 어느 文獻에 적혔드냐? 古調 字수가 一定하여졌든가? 尾韻있는 놈이 몇이든가? 偶

然히 몇 首 있을지 모르나 意識的으로 그런 수작을 한 이가 과연 있었을가?란 것은 그 用語는 日常語가 아니였든가! 이는 실로 拘束속에서도 자유로이 自由를 찾아간 內的 發展相이다. 그리고 外的으로는 古調 首數면 알겠지만, 通則이라는 三四調를 最大限 活用하였다는 것이다. 팔팔 날뛰는 힘, 가냘핀 마음, 애끊은 가슴을 안고, 그 感情 律動이 똑같은 韻數를 反復한다는 것은 우수울 따름이다. 그러면서도, 「朔風은 나모끝에 불고,」라고 하였어도, 時調的인 韻律의 秩序는 결코 부서지질 않는다. 이 三四調의 變化性을 最大限으로 活用한 것과 日常語를 썼다는 것은, 拘束된 時調가 自由를 향하여 苦悶한 흔적이라 하겠으며, 이 苦悶한 곳에 藝術的 價値를 許與하여야 할 것이다

短點보다 些少한 長點을 들어 칭찬만 하시는 가람先生님 찜으로 달게 자란 몸이 되고보니 앞길이 두렵다. 時調를 맨 처음 지어보기는 열여덜살 되어서다 그러나 時調를 理解하려 힘쓰고, 또 좀 알게 된 것은 今年 들어서다. 이때까지는 時調觀도 없이 건성으로 지었었다. 쓰라는 註文에 수일 전부터 쓰든 것 중에서 몇 구절 뽑은 것이 이것이다.

一九二0년 一二月 二日,

全南 靈光生 本名, 泳恩,

木浦商業을 나와 一年간 某 營業官廳에근무하다가 昨年봄 渡東,

法大高師部 入學. 낮에는 神田區 西神田 二丁目, 三立書房에 근무.

現代時調論

『문장』 2권 9~10호, 1940.10~11.

時調라면 陳腐한 것이다. 古典이다. 現代人 내가 그런 걸 할 必要는 없다. 義務가 없다. 이렇게들 생각한다. 時調를 옳게 認識할 수 있을 滿足할 만한 硏究나 論文이 없었기 때문이다. 그러기에 詩人이 小說을 씁네하고 小說家가 詩에 붓을 대기는 하여도 이들이 時調에는 아무 關心도 두지 않은 듯하다. 時調가 不當히 알려진 까닭이다. 그렇건만 이를 辯護할 사람이 나서지를 않는다. 그도 그렇다. 時調人에 鷺山과 曺雲 氏가 있더니 鷺山은 숨고, 언제가 不運한 雲曺님은 역시 不運에 꺾여 아직도 그 조찰한 貴雲한 詩魂을 가누지 못하고 있다. 그리고 그 藝術로나 時調人으로서나 으뜸가고 唯一이신 가람님은 積極的으로 나서지를 않고 그 藝術만 가꾸시고 있다. 이리하여 우리 文壇은 現代人의 感情에 맞느냐 어쩌냐는 이상스런 問題만 그나마 심심풀이로 論議하여 본다. 時調를 現代的으로 살리자는 努力은 꿈에도 생각하여 보지 않는 듯이.

淺識, 참으로 淺識을 不拘하고 이 붓을 든 까닭이 우리 文壇에서 새로운 生命力을 얻어 살아있다고 알아두어 마땅하다고 생각하는 까닭이다. 또 時調에 趣味를 둔 분, 初學者들에게 조그마한 參考라도 되면 하는 것이다.

「가람論」을 첫째로 한 것은, 가람 時調를 分析하면 거기에 무슨

法則이랄 만한 것이 演繹될 듯하여서다. 그리고 그것이 곧 現代時調論 그것이라고 믿는 까닭이다.

古時調가 아니라 現代時調란 것이다.

一. 가람論

題目만은 「가람論」이다. 그러나 내가 어찌 가람 先生을 가를 수 있을까부냐. "하도 精하고 조찰하고 品이 높기를 香氣가 풍기는 듯하여 무슨 말이고 덧붙이기가 悚懼하기까지 하다"고 鄭芝溶님도 『嘉藍時調集』 跋文에서 일렀다. "마침내 時調들이 詩人을 만나서 詩人한테로 돌아오게 되었다. 비로서 感性의 纖細와 神經의 銳利와 觀照의 聰慧를 갖춘 天成의 詩人을 만낫 時調가 제 소리를 낳게 된 것이"라고 하였다. 내가 어떻게 敢히 이 天成의 詩人을 가둘 수 있으랴. "그 時調는 敬虔하고 眞實함이 이를 읽는 이가 平生 敎科로 삼을 만한 것"이라고 지용님은 말하였다. 그러나 나는 이 時調集을 읽고 神秘한 빛을 보는 때도 있었다. 그리고 이 冊이 뭇 詩人의 經典이 되어 마땅하다고 생각하고 있다. 이러한 時調를 내가 어떻게 가를까부냐.

鑑賞이다. 나는 여기에, 난숙할대로 난숙한 가람 藝術을 時調集을 통하여 鑑賞하려 한다. 系統세워 分類하려 論하련 것이 아니요, 이 貴重한 冊장을 한 장씩 제쳐 읽고 노오트한 그대로다. 하루이틀에 읽은 것도 아니요, 가람 藝術의 향내가 맡고 싶은 날이면 읽은 것이다. 특히 時調에 뜻을 둔 분들과 함께 힘이 미치는 한 鑑賞하는 동시에 分析하며 그 手法을 講究하려는 것이다. 서로 손잡고 가람 藝術의 巨峰을 한발이라도 올라보자는 것이다.

×

「溪谷」

섬세한 觀照는 여기서부터 시작한다. 第一首에서 우리는 그늘도 짙은 소나무숲 속에 든다. 우리는 가는 잎 은바늘처럼 어지러이 반작이는 높은 가지들을 머리 위로 溪谷을 타고 오른다. 문든 우리 앞에 靑기와 두어장을 인 法堂이 나선다.

앞 뒤 비인 뜰엔 새도 날어 아니오고
홈으로 나리는 물이 저나 저를 올린다

(第二首 中終章)

지금 내귀에도 그 고요가 들린다.
自由로운 遊戱를 그린 第四首는 型부터 自由스럽다.

瀑布 소리 듣다 귀를 막어도 보다 六(二四) 七(二五)
돌을 벼개 삼어 모래에 누어도 보고 六(二四) 八(三五)

(初中章)

時調의 機能은 自由로운 이 型에서 한층 빛난다.

바위 바위 우로 바위를 업고 안고

(第五首 初章)

「大聖庵」

고개 고개 넘어 호젓한 山길이다.

휘휘한 山길이다.

검은 버섯이 돋고, 성그시 벌어진 城돌 틈에 다람쥐가 넘나든다.

묵은 기와쪽이 발 끝에 채인다.

詩人은 默想에 잠긴다. 올 것이 온다.

설레는 바람 끝에 구름은 서들대고

검읏한 먼 산 머리에 비가 몰아 들온다.

(第五首 中終章)

(가람님 눈에는 바람을 바늘로 구름을 동전으로 볼 수도 있다. 바늘 끝에 동전 한 잎이 뱅뱅 도는 것을 볼 수도 있다. 第五首 中章 觀照의 妙를 보라.)

「道峰」

집세기를 신은 가람님 홈추룸 젖은 모시 두루마기를 바람에 말리우며 고개를 넘고 비탈을 거닐고 덤불을 헤치며 山을 헤매신다. 가다가 발을 멈추고 들건너 저쪽을 바라보신다. 그러고 섰는 뒷모습이 눈에 보이는 듯하다.

「天磨山峽」

으름과 다래덩쿨 아즉도 짙은 록음
으늑고 후미한 골에 물이 졸졸 흐른다.

(第一首 中終章)

傑作「天磨山峽」은 이렇게 시작한다. 陰音을 살려 으늑한 風景을 여실히 나타내지 않았는가.

어둑한 숲속으로 좁은 골을 벗어나니
하얀 玉 깎아 세운 듯 봉 하나이 솟았네.

(第三首 中終章)

그의 歡喜의 絶頂에서 이 終章과 같은 表現을 한 詩人이 있든가! 傑作「天磨山峽」은 이렇게 맺었다. '봉 하나이'의 '이'한 字가 살았다.

「迦葉峯」
「天磨山峽」과 맞서는 걸작.
완벽의 第一首. 외고 외여보오라
또 第二首는 音響의 極致다.

서대는 다람쥐가 길을 자조 알리우고
잦인 서리 틈에 石楠은 연연하고

젓나무 섞어진 뿌리 향은 그저 남었다.

'서대'는 '서리' '石楠' '섞어진' 네 개밖에 안되면서도 印象이 깊은 神如, 서성대는 다람쥐가 終章에까지 들락날락하는 그 모양이다.

봉마다 골마다 제여곰 다른 모양

(第三首 中章)

中章의 音調는 이型, 六(三三)七(三四)이 가장 곱게 올린다.

「萬瀑洞」

大交響樂 「萬瀑洞」의 序曲이다.

골이 안윽하매 해도 별양 다스하다.

(第一首 初章)

미미히 이는 골바람 되오 상긋 하도다

(第二首 終章)

靑鶴은 어데간고 神仙이 다로 없다

(第三首 中章)

조용히 조용히 흐르는 序曲. 그리고 맨 나중 第三首 終章 끝句에다가 大交響樂을 살짝 감춰 두셨다. 神技다

「叢石亭」

아즉도 눅읏한 마음 太古런 듯 하도다

(第一首 終章)

어두운 굴에 금란이 빛이 나고

알섬에 알을 나두고 갈며기도 날어오다

(第二首 中終章)

神秘를 갖춘 作品이 이것이다. 第二首 終章은 그 神秘를 讚揚하는 讚揚隊의 노래 같은 感이 있다.

「月出山」

字數를 살려 型으로 表現한 詩가 이 다섯首다.

금시 바위라도 굴러 나릴듯한 강파로운 사태바기

(第一首 初章)

時調型을 規定한 文獻을 보았는가? 보았다. 그것은 『가람 時調集』이다. 준험한 月出山이 눈에 들린다 一十二(二・一0) 八(四・四)

—만약 「月出山」 다섯首를 三四三四로 먹였드면 月出山은 새악시의 山이 되었으리라.

第二首 初章 六(二・四) 九(五・四)

中章 七(三・四) 九(四・五)

第三首 初章 六(二・四) 七(二・五)

中章 五(二・三) 七(四・三)

自由自在이면서 時調的 音律 秩序를 벗어남이 없다. 自由自在이기에 이러한 作品이 되는 줄로 알아라. 根據도 없는 形態에 사로잡혀 表現能力을 스스로 조이고 있는 徒輩에게 보여줄 好個의 作品이다.

「蘭草(一~四)」

古雅한 朝鮮 趣味가 향기는 가람님 書齋가 보고 싶다.

詩人의 靈魂은 宇宙와 融和할 수 있다.

가람님은 난초양과 연애하시나보다. 아름다운 詩다.

향내가 난다.

蘭草 향기는 물밀 듯 밀어오다. —五(二三) 七(三四)

((二) 第二首 中章)

簡潔한 型이 高潔한 향을 뿜는다.

이슬 같은 노래다. 구슬 같은 노래다. (四) 第二首는 實로 妙筆이다. 군소리가 정한 노래를 더러힐까 한다.

「梅花」

가람님의 感情과 얼려 죽인 野梅花와의 密語다. 풀지를 말어라. 그 둘만 알리어라

「水仙花」

한간 방이 이러한 詩나라를 섬길 수도 있다. 여기도 音響의 妙筆이 보인다. 서대는 다람쥐를 '서'音으로 나타낸 가람님은 수줍은 姑娘을 '수'音으로 表現한다.

웃으며 수줍은 듯 고개를 숙인 송이 송이

(第三首 中章)

「芭蕉」

꿈에도 따뜻한 내 고향을 헤매이고 말었다.

(第二首 終章)

故鄕 多情을 字數로 表現하였다. '따뜻한 고향' '따뜻한 내 고향'도 좋겠지만 '따뜻한 내 고향을'이라 하여 印象이 한층 깊다. 가람님께서 스승으로 모시는 黃眞伊의 노래에

어른님 오시든 밤이여드란 굽이굽이 펴리라.

한 句가 있는 것이 생각난다. 高尙한 朝鮮情趣가 넘치는 作이다.

「瑞香」

흐를대로 흐르는 애연한 瑞香에 취하여 곤히 누운 모양이 절로 나타났다.

「함박꽃」

「玉簪花」

가람님의 技巧는 眞과 美에까지 昇華한다.

「젖」

最大 傑作 「젖」을 읽으시오. 일찍이 이런 敬虔한 詩에 接한 적이 있습니까? 한자 한마디가 이상한 빛을 발하지 않습니까. 時調 機能의 極致인 동시에 자랑이오 원문 훼손의 이르지 못하는 맛이 있음을 날로 베히듯 산뜻 선명하지 않았습니까. 또, 빛나는 것은 어찌 말뿐이겠습니까. 字數를 곱아 보시오. 神秘하리만치 이끄는 힘이 있지 않습니까. 이 두 首 다 三四三四로 되었다고 생각하여 보시오. 그 무슨 神妙함이 있겠습니까.

나의 무릎을 베고 마즈막 누우시든 날

(第一首 初章)

切切한 情을 자아내는 이 律調.

깜안 젖꼭지는 옛날과 같으오이다.

(第二首 初章)

애롱함이 이렇듯 절실할 수가 있으리까. 깜안 젖꼭지에 人生의 香氣가 일면 일수록「젖」의 悲曲은 人生의 哀愁를 이렇게도 애뜻이 부르짖는 것이랍니다

따뜻한 품안에 안겨 이젖 물고 크더이다

(第二首 終章)

듣자옵던데 가람님께서는 이 두 首를 짓기에 三年이란 햇수를 두고 心魂을 짜셨다 합니다. 天成의 詩性이 疑結하고 疑結한 이 두 首가 千劫에 빛날 빛을 보오시오

나의-쓰린-깜안-나와-切實함을 表現하는 律調입니다.

뵈더이다-같으오이다-크더이다-敬虔을 表現하는 律調입니다.

終章의 넉자 끝句가 엄숙과 경건의 感銘을 준다는 것을 여기서 啓示하여 주셨습니다.

「돌아가신날」

朝鮮的 情緒, 朝鮮的 倫理, 朝鮮的 敎養이 이 한 首에 넘쳐 흐른다.

「그리운 그날(一)」

童謠的 情調에 그리운 그날이 추억된다. 그립다. 차로 그립다.

「그리운 그날(二)」

鄕土的이 반갑고도 귀엽다. 第一首와 第二首는 가람 硏究에 貴重한 作品이다. '그날'부터 詩人 가람님은 四圍의 自然 속에서 美를 찾아서는 心醉하였으리라고 볼 수 있기에다. 또 하나는 '가람'이라는 雅号에 청한 열쇠가 여기에 있지 않는가 하는 것이다.

「故土」

가람님의 故鄕은 全羅道이시다. 내 동무의 고향은 咸鏡道이다. 그러나 우리들의 고향에 그 어디가 다르랴. 가람님의 心血이 여기에 이르러서는 豫言的 價値를 가진 것을 볼 수 있다. 여덟수의 大作은 우리 고향을 그려 남김이 없다.

「시름」

아아 슬프단 말 차라리 말을 마라
물도 아니고 돌도 또한 아닌 몸이
웃음을 잊어버리고 눈물마자 모르겠다.

(第二首)

여기에 한 藝術家가 있다. 그는 부르짖으려 한다. 그러나 혀가 돌지를 않는다. 마마 므므 무무 모모로 찟히는 哀痛을 겨우 품는다. 음 'ㅁ'이 살아 이 時調 한 首는 더욱 빛난다.

中章의 五子一句(二·三)은 세찬 表現에 適當한가보다.

「白墨」

老詩人의 苦悶相이 눈에 밟힌다. 藝術家의 最大 苦痛이요 侮辱은 拘束이다. 「시름」과 「白墨」이 빛나는 것은 이 까닭이다.

苦悶하는 영혼이 부르짖는 까닭이다.

「病席」

이 藝術家의 靈魂은 그의 肉身을 떠나서 眞善美를 向하여 飛翔한다. 貴한 作品이다.

×

時調는 정이 高貴한 것이다. 함부로 돈댈 俗物이 아니다.

가람 時調를 精讀한 結論이 이것이다. 前엔 쉽사리 지어질 듯하던 時調가 到底히 그리 보이질 않는다. 나는 時調와 점점 멀어져 가는 것 같다. 멀어져 가는 時調를 붙잡으려면 여간한 힘과 努力이 있어야 할 것 같다.

「고곰」

혼돈한 病患意識을 分析하되 二十世紀의 어떤 科學者가 이렇듯 鮮明하게 베여낼 수 있으랴. 詩의 驚異다. 神筆이다.

「詩魔」

가람 藝術은 不死鳥이다. '그 하나'를 가지고 悶悶轉轉하시는 가람님은 얼마나 幸福스런 藝術家이시냐. 아니 부러울 수가 없고나.

古時調에서 볼 수 없는 이러한 題材도 영롱한 筆致로 산뜻이 그렸다. 時調가 이렇게 發展하고 있다고 발명하시는 동시에, 우리들 後

輩에게 주신 指南作이다.

詩人의 영혼이 어떠한 모양을 하였는가 보고 싶은 이여, 이 鬼作을 읽으라.

「周時經先生의 무덤」

激昻의 交響樂이다. 最高潮에 이른 第二首의 앞뒤에 序曲으로서의 第一首, 에필로오그로서의 第三首. 銳利한 感性이 强靭한 생명력을 얻어 躍動하는 모양이 내여다 보인다.

序曲은 온정한 描寫부터 시작한다. 그러나 곧 終章에서 悲曲은 흐른다

갑자기 高調된 感情과 그 制御의 力作－.

한손에 모래 알을 움켰다 뿌려도 보다
고개를 숙이고 잠자코 서서도 보다
발 밑에 엉기어드는 개아미를 놀리오

(第二首)

그리고 第三首의 無限에의 回顧. 그 調和된 品을 보라.

型을 보자. 第二首 初中章 二句 後半이 다섯 字식이다. 펄펄 끓는 感情의 모양이다. 그 氣勢가 終章에선 最小限의 字數 '엉기어 드는 개아미를 놀리오'라 하여 사뭇 풀이 죽는다.

音響의 關係도 있지만 이 强弱의 對照가 이 詩를 빛낸 第一條件이 되었다.

第三首는 丹心調이다. 그러나 그저 古調를 본딴 것이 아니다. 稠密한 感情의 淨化를 거쳐나온 것이다. 大創造詩人 가람님이 古調를 摸似하였다고 어찌 믿어지랴. 내가 믿을 수 있는 것은 丹心調를 修辭調로 썼다는 것이다. 第二首의 高潮된 感情의 餘韻으로써 이 丹心調가 유난히도 印象깊이 銘心되는 것도 그 奇妙한 手法 때문이다.

「光陵」

나는 단 두 數 이 時調를 뭐라 이를지를 모른다.

나는 이 보배같은 作品에 對하여선 아무 말도 안 쓰기로 하겠다.

내가 이 傑作에 對하여 말할 수 있는 事實은 곧 하나 밖에 없다. 그것은 이 노래를 읽을때마다 이상한 힘에 흘려 뜻몰을 感激이 치오르고 저도 몰으는 눈물이 어린다는 것이다

『젖』에서 한 말을 訂正하여야 하려나보다. 『젖』과 『光陵』이 最大傑作이라고…….

「石窟庵」

藝術의 驚異 石窟庵을 沈黙으로 松하는 傑出한 序曲이다. 歡喜와 感激이 잦은 숨 잰걸음치며 오고 오고하누나.

「扶蘇山」

지는 풀이슬은 느껴운 눈물 같도

古木에 우는 가마귀 저도맘을 최나브다

—第一首 中終章

가람藝術의 勝利다. 한번 더 외여보라.

「梅窓뜸」

읽고 또 읽어도 외고 싶은 詩句—

한줌의 향기로운 이흙 헐리지를 않는다.

—第一首 終章

외고 나면 뜻몰을 安堵에 가슴이 후련하여지는 詩句 鬼性이 여기에 있다.

생각하면 眞伊를 스승으로 모신 가람님이 여기 梅窓의 무덤에 서서 얼마나한 感慨에 잠기셨을지. 이 부들어운 아름다운 향기로운 時調 세 首도 그 感慨의 所産이리라.

「老石의 涅槃」

鼎仙을보내며

萬海를묻고

추도(一) (二)

가람님의 다정스런 손이 巨人이 되어 山中 쓸슬히 누은 知己 親舊

의 묘등을 어루만지며 그들의 神靈을 위로하고 편안하기를 祈願하다가는 절절한 애통에 괴로워하시는 양이 눈에 떠오르다싶다. 어느 篇 어느 首가 더 잘되고 절절하다고 이를 수가 없고나. 모다 敬虔하고 정이 넘치기에다. 終章의 넉자끝句가 눈에 띠인다.

「죽음」

藝術家로서의 生死觀을 또렷이 그려낸 妙筆이다. 『詩魔』와 맞서는 鬼作이다. 거기서 藝術家의 靈魂이 苦悶하고 헤매이는 양을 여실히 그린 가람님은 여기서 영혼의 價値를 高揚하는 동시에 肉身과의 中和를 贊頌하며 마지 않는다.

> 가장 사랑하는 그 육신을 벗어 나서
> 외로운 너의 령혼은 그어대로 가랴느뇨

第二首 中終章

時調에 抽象的 題材는 없었다하여도 무방하다. 새로운 傳統을 세워주신 가람님이 처음으로 쓰시되 『詩魔』 『시름』 『죽음』등 傑作을 보여주셨다.

「怪石」

怪石의 妙致는 바로 技巧다. 時調를 배우려는 이가 두고 두고 맛볼 貴物. 윌수록 맛이 울어난다. 技巧가 이 지경에 이르면 生命을 얻었다 할 것이다. 이 點에서도 가람님을 따를 詩人이 몇이랴.

第二首 初章이 第一首 終章의 妙句를 받고, 또 第一首 初章,

그 얼굴 그 모양을 누가 탐탁다 하리

에 그 調를 맞훠서

차고 澹泊함을 누가 귀엽다 하리

라고 나오는 妙味. 그리고 그 尾에

(…전략…) 저의 탓은 아니로다

라고 斷定하고 물러서는 妙味. 당신은 世俗의 眞理를 이렇게도 자미가 진진하게 그린 詩를 읽은적이 있습니까? 이런 詩만 읽고 산다면 절로 命이 길어질 듯 하지않습니까?

「뜰」

뜰에 시든 水菊그늘도 옅어지고

第一首 中章

쨍쨍한 여름 볕 그늘이 옅은가 되생각하야 보라. 銳利하고 正確한 觀

察에 놀랄 수밖에 없으리라. 고오— 병아리가 모이 찾든 고개를 자치고 사뭇 덥다는드시 왼발로 서서 쉬는 모양이 눈에 서언하지 않는다.

「바람」

「별」

「구름」

深長한 그 뜻을 읽어라.

詩人 가람님은 이렇게 말한다.

「落葉」

솔솔리 바람이 치는 벌서 가을이구려

第一首 終章

古時調를 갖고 새 時調를 律하려는 이여, 이 한篇, 아니 이 한章만이라도 읽어라.

바람이 자고 달은 고히 비쳐 들고

第三首 中章

一句 五가 보통 같으면 二三가 되어 斷想 片片 그맛이 더난다.

「풀버레」

해만 설풋하면 우는 풀버레 그밤을 다하도록 울고 운다.

第一首

아름답다 이 詩句! 외고 욉수록 풀버레의 音樂처럼 自然스럽고 단조롭고 귀엽고 구실같이 울리는 말! 말정이 이 冊중의 珠玉篇이다.

옛것과는 좀 다르나 三章一首 틀림없는 辭說時調다. 辭說時調의 發展方向도 이렇게 알려주신다. 形式에 사로잡힌 徒輩에게 藝術家의 精神과 勇斷을 보여주는 한首다.

「소나기」

가람시조에서 歸納한 時調 職能의 큰것의 하나는 描寫다. 소나기 風景이 이렇게도 鮮明히 描寫되었다.

「비(一)」

자비한 마음이 엿보인다.

「비(三)」

洗練된 詩想과 手法. 一般詩人의 龜鑑이다. 갂고 다듬고 보태기를 이와 같이 하여야 참 詩가 되는줄로 알아라. 이 두首의 一字一句가 어느

字句가 무르녑이나한가

「우레」

'이게 아름답다는 詩야?' 이 辭說時調 한 篇을 이렇게 모함하는 이가 있다면 그 輕薄함은 이에 더할수없으리라.藝術作品이다. 우레의 印象을 이렇게도 영검스럽게 表現한 詩句를 보았는가? 제임스·조이는 直接 擬音을 하였다한다. 그건 神奇할뿐이다. 이는 그런 헐함즉한 것이 아니다. 참 表現이 무엇인가를 보라.

> 한껏 찌고 우리고 나무닢 하나(니파나) 까땍 없고(업꼬) 돋는달 연홍시 같고(가꼬) 마른 번개는 오락가락한다(오라까라칸다)
>
> — 初章

聲調가 고르지 않다. 이것이 이 詩「우레」다. 우리는 딱딱한 그 音으로 우레가 올라오는 것을 안다. 이윽고 本格的 우레다. 들어라.

> 짖궂은(지꾸즌) 바람 급자기(금짜기) 일며 굵은비 마구 뿌려 앞뒤(압뛰) 창을 두드리고 우루룽 우루룽 벼락이 나려 치고 뻔쩍뻔쩍 불칼을 휘날린다.

시시각각 변하는 우렛소리다. 이야말로 참 Art가 아니고서 무엇인가. 그리고 갑자기 強激音 줄어진 다음 終章. 호적하여진 인터벌, 우레 우는 밤의 雰圍氣를 鮮明히 상상시키지 않는가. 어느程度의 藝術

作品인가 짐작이 가리라.

「밤(一)」
어스름 저믄날 누구지 가람님을 불러, 가람님은 성모르로 돌아가 보신다. 재넘어 오르다 구름새로 숨은달 저놈이다.

「밤(二)」
밤의 精靈과 詩人 가람님의 靈魂이 融合하다 갈리이다 서로 부르다 하는 모양을 보아라.

「봄(二)」
노근노근한 봄날 宮闕 넓은 뜰의 한가와 고요가 보인다 보인다.

「여름」
'괴알벗고 銀粧刀 차는 셈으로' 사시는 先生宅 여름風景이 여기서 整理된다.

좁고 낮은 집— 그러나 어덴가 품이 있고 빛나는 詩人의 집. 대문은 여기. 달고 다는 돌담이 이렇게. 花草밭은 저기. 그 한구석에는 花草 주려는 물을 담은 독. —「여름」

花草밭엔 시든 水菊. 가드기 버레 일고 거미불이 늘이인 葡萄나무, 고개를 돌려보면 담을 넘어 가지를 늘인 나무들도 보이고, 뒤안에는 좁으막한 언덕이 있는 집이다. —「뜰」

또 花草밭 해당화. 뜰엉 한머리에는 花분들이 줄지어 놓였다. —「소나기」

그 분들은 '蘭蕉' '芭蕉' 겨울이면 가꾸시는 뿌리만 심구인 '水仙花' 그리고 맨 구석엔 數年을 기르다 외로 덮어두어 얼려죽인 古木되 野'梅花'분을 아직도 아까운드시 간직하여 두셨으리라.

葡萄나무는 뜰을 헐어내고 심은 놈이다. —「葡萄」

그 욱어진 녹여 아래 으느기 숨어있으면서도 행여나 뉘라 알가봐 향기마자 없는 함박꽃이 송이송이 제여금 수줍은드시 고개를 절로 숙이고 있다. —「함바꽃」

좀 떨어져서는 澹粧한 美人 '玉簪花' 색시. 이러한 가람님宅 뜰이 눈에 보이는 듯 하다. 가서보면 정영이러하리라.

(註— 괴알벗고 云云」 筆者에게 주신 先生님의 편지)

「戲題(四篇)」

初學者에게作法 —構成과 技巧를 가르키는 作, 열여섯首다. 그중 자미진首.

곱게 자라난다 매드람이 맨드람이
머리에 돋은 鷄冠 일어나는 불꽃 같이
욱어진 파란 입들을 사르랸듯 하여라

—(四)中 맨드람이

童謠를 부르는것 같다.
맨드라미가 맨드람 맨드람 자라나는것같다.
빨강 벼슬이 파랑 잎들을 사르랴는듯하다.
童謠를 부르는것 같다.

가람님의 音律觀에 관해서는 뒤에 이르겠지만, 가람 時調를 읽고 특히 눈에 뜨이는 것은 以上 여러군데서 指摘한 바와 같이 聲音(音響)의 妙를 얻은 것이다. 語感이 詩의 生命이라는 意味의 말을 가람님 自身 어데선가 하신 것을 생각한다. 동시에 最近 가람님 편지의 一 句節이 떠오른다. —

'두어달 전부터 李王職雅樂部에 두어 時間을 얻어 단입니다. 본래 歌樂을 좋아하므로 이 機會에 玄琴을 시작하였습니다.'

나는 가람藝術이 永遠에 자라기를 빌뿐이다.

以上 「가람論」이 「時調鑑賞編」임을 알았을줄 안다. 보통 같으면 맨 나종에 鑑賞法을 씀이 옳겠지만, 첫째로 갈은 까닭은 앞에서도 言及한 바와 같이 가람 時調를 分析하면 現代時調의 理論이 演繹될 듯 하여서다. 나는 그것을 解說하고 더 分析하고 또 깎고 다시 보태서 이어 『時調槪論』, 『形態論』, 『音律論』, 『文章法』 等을 쓰려한다. 그러기에 比較的 많은 종이도 아끼지 않었다.

또 하여둘 말이 있다. 讀者 가운데 어떤분은 봐로오의 『詩學』 등 第一篇 百九十三行 — 百九十八行 「阿諂쟁이는… 云云」을 들어, 내가 以上에서 傑作 新作 完璧만을 부르짖고, 여기, 이點, 이것이 不滿

이고 缺點이다라는 말 한마디도 안쓴것을 不平할 것이다. 내게도 疑心되는 것이 있기는 있다. 文章法에 관한것이기에 거기서 말하겠지만 떼어쓰기의 틀린곳이 몇간데 보인다는 것이다. 그러나 그밖에, 내가 들어낼 수 있는 缺點을 나는 찾질못하겠다. 내 藝術이 가람님의 그것에서 너무나 동떨어져젓기에다. 그리고 讀者여러분도 그러하시리라. 讀者는 玉같은 가람藝術에서 티끌을 찾을수 있을른지도 몰은다. 그러나 讀者여, 그대는 그 무엇으로 그 티끌을 집어내며, 그 무엇으로 그 자리를 닦으려는가?

―『가람論』 끝……다음 『時調概論』―

二. 形態論

ㄱ. 古時調

時調 型을 規格한 文獻은 없다 한다. 하지만 우리 先人들은 時調을 지었다. 宮中에서도 學堂에서도 싸움터에서도 山골 三間草室에서도 같은 韻律의 이 國民詩를 지었다. 「名公碩士及閭井閨秀無名氏之作」(靑丘永言)이 時調였다. 內地의 短歌나 漢詩처럼 嚴格한 型은 拘束을 超越하고 그네의 傳統的 感興이 이는대로, 절로 장단을 잡아나오는 그대로 적은 것이 時調였다. 끊일수 없는 感情, 문득 돋는 思念, 그것을 꾸밈없는 말로 베풀고 보면 그것이 律動秩序 안에서 구비치는 時調였다. 洋詩처럼 特定한 詩語도 別로 없었고, 日本의 短

歌처럼 고리터분한 꼬리말을 붙이지도 않고, 漢詩처럼 난잡한 押韻을 밟는 그런 拘束이 없이 自由로이 表現한 것, 이것이 時調였다. 여기에 定型詩인 時調를 일러 自由로이라니 될말이냐고 反問하는 분이 있으리라. 옳은 물음이다. 지금 내가 이야기 하랴는 것은 실로 이 문제다.

時調는 定型詩다. 하지만 아가 말한바와 같이 몇 字식 지어야한다고 規定한 일은 없었다. 중요한 事實은 時調는 唱하든 것이였다는 것뿐이다. 한덩어리의 曲調 — 鄕歌를 잃고서 그네들이 나타내지 아니치 못하였던 情을 읊던 曲調 — 그네들의 가슴 속 깊이 구비쳐 오는 情緖—머든 때는 길다할게 읊고 싶었겠으며 또 어떤 때는 장황함을 깊이하려 하였을 韻律. 그리하여 그네들은 그 억제치 못한 회포를歌詞로써 길게 읊었고, 또 이리하여 짧은 時調를 創案하였으리라.

그러면 어찌하여 이 時調만이 發達하여 나갈 運命을 각제 된 것인가? 그것은 결코 偶然이 아니었다. 오히려 必然이었다. 란 것은 歌詞로써 感情을 뿜고 있던 그네들의 더 切實한 要求에서 創案하였든 만큼, 그 韻調는 歌詞보다 더 그네의 性情에 適合하였을 것이며 詩的으로도 한층 浮化된 것이었음에 틀림 없으리기에다.

여기에 남실남실한 情緖의 貯水池가 있다. 初章에서 언이 터져 처음에는 조금식 그리고는 점점 세차게 물은 흐른다. 그 흐름을 잡아 인도하여 그네들은 뒤를 돌아다 본다. 그 흐름을 잡아 인도하여 그네들은 뒤를 돌아다본다. 물결 물결 물결. 어디까지라도 밀고 닥치는 물결따라 가고 싶은 마음! 中章. 그러나 웬 運命의 작난이었드냐. 그들은 奔放하려는 회포를 삼가지 않어서는 안된다. 奔放을 亨樂할 自由가 없다. 그네들의 宿命이었다. 이제야 언도 다 문허지고 도도히 밀려오는 그 물길을 거기서 막아야 한다는 말이다. 앞으로 나아갈 自由가가 없기에. 여기서 그들은 모든 힘을 다하여 흐름을 막을 것이다. 이리하여 終章에서는 騷然히도 새로운 언에 물결은 부닥쳐 출렁거린다. 흐름은 그만 끝이고 말 것이다. 거시에는 다시 남실거니는, 옮겨다 놓은 情緖의 貯水池—初中終章에 옮겨놓은 못— 깊으막한 못— 餘韻이 다시 우리 感情을 흔든다. 時調가 놓일 것이다.

詩文으로서야 이런 바탕이라고만 할 수 있으랴만 曲調로서 時調는 이러한 바탕이 있다 할 것이다. 偶然이 아니요 必然이라는 것은 이것이다. 民間性이 곧 이러하였다는 말이다. 다시 말하면 그네들은 좀더 긴 歌詞로써 胸襟을 풀어 오기는 하였으나 그것이 矛盾인 것은 感知하였으리라. 그들께는 그렇게 장황한 것은 손대기가 어려웠으리기에. 풀자면 끝이 없을 듯한 마음. 그러나 그처럼 念願을 다할 自由없음. 그 時代的, 國家的 環境 이것 때문에다. 半島的인 것 이것 때문이다.

—時調는 李朝때 자랐거던!

그렇다면 日本 排句같은 짧은 것이 왜 생기지 않었던가! 時調는 本이 唱에 있다는 것을 생각한다면 排句같은 短形은 成立할 수 없겠으나, 唱의 問題를 떠나서 考察하여 본다면 이런 極短形은 왜 생기지 않았나 하여서는 안 될 것을 알지마는 하지 아니치 못하는 마음. 章 하나이면 넉넉할른지도 모른다. 하나 그것은 너무나 무참한 拘束

이다. 그들은 몇 마디 못됨을 豫知하면서도 呼訴하려 하였다. 그러기에 初章과 中章을 마련하였다. 그러나 豫知한 대로 그들에게는 길게 하자도 自由가 없고 짧이지도 짧일 수 없는 심사. 이 必然에서 생긴 三長時調란 말이다.

短歌, 特히 簡潔히 結論하고 晏然할 수 있는 그런 樂天性이 없었다. 이것은 同時에 辭說時調 엇時調보다 平時調가 훨신 發達된 까닭도 된다.

民間詩로써의 時調의 바탕을 대강 짐작하였으리라. 곧 時調는 어느 나라의 詩歌든지가 다 그러하듯이 民間性의 結唱이었다. 그것이 한덩어리의 時調가 되고, 이 曲調를 더부러 나온 말이 지금 우리가 이르는 時調라고 본다. 그러기에, 이미 發生된 時調를 唱하였던 것이 아니라 實로 民間性의 律動的 表理으로써의 曲調가—音律이 먼저 우리네 가슴 속에서 醱酵하였으리라고 나는 본다.

그것은 오늘날도 老人堂에서 우리 할아버지들이 所謂 '시조'를 하시고, 지금도 市井에서는 '短歌'라고 하여 民樂 사이에 사랑받고 있다.

以上 定型이란 말이 저절로 풀렸으리라. 구태여 다시 말하자면 그것은 아까 말한 그 曲調다. 曲調라 하여 語感이 맞지 않는다면 조선사람의 성정 그것의 律動的 表理이다. 그것이 主로 四四調인 것은 時調 뿐만이 아니라 朝鮮韻文이 거의 다 四四調였으니 아마도 이 韻律이 우리네 性情과 가장 맞는 까닭이리라.

그러면 時調의 이 韻律은 어떻게 活動하여 왔든가? 어떤 이는,

朔風은 나모 끝에 불고 明月은 눈속에 찬드
萬里 邊城에 一長劍 짚고 서서
긴파람 큰 한 소래에 거칠 것이 업세라.

(金宗直)

또 어떤이는

어져 내일이여, 그릴줄을 모르던가.
이시라 하더면 가랴마난 제 구타여
보내고 그리난 정은 나도 몰라 하노라

(眞伊)

라고 하였다. 펄펄 뛰는 大丈夫의 氣魂을 이렇게 읊었고, 가냘픈 女人의 하소연을 이 수마디로써 뿜었다. 그 初章의 첫 句를 보면 이 얼마나 不規則한가? 하나는 아홉 字요 하나는 여섯 字다. 거의 兩端에 서는 골이다. 그러나 지금 이 둘을 朗讀하여 보자. 그 어디에 時調的 韻律秩序를 벗어나는 가락이 있는가? 벗어나기는커녕 제 마다 갖는 音律이 얼마나 그 意味와 感覺을 북돋는가! '朔風은 나모 끝에 불고'를 한숨에 외어보라. 거센 北風이 얼어 붙은 벌거숭이 나뭇가지를 휩쓸어치고 가는 荒凉한 맛이 나는가 안 나는가? '어져'라는 名口의 韻이 업다 하더라도 벌써 이 字數의 數感이 이을락 떨어질락하는 가냘픈 情緖를 우리에게 말하는가 않는가?

中章을 보자.

우리 둘이 後生하여 네 나되고 내 너 되야
내 너 그려 긋던 애를 너도 날 그려 긋쳐 보렴
평생에 내 설워하던 줄을 돌려볼까 하노라

(失名)

이 多情한 作者의 마음을 알겠는가? 내 마음을 못 살펴주는 사람에게 알리고 싶은 것은 '내 너 그려 긋던 애를' 알리고 싶은 것이다. 길이길이 풀고 싶은 그 마음이다. 이 中章을 朗讀할 때 어디다든지 語勢를 두어서는 안 된다. 평평히 고르게 외어야 할 것이다. 왜냐하면 길이길이 풀고 싶은 심사인 까닭이다. 그러면 이와 反對로,

가노라 三角山아 다시 보자 漢江水야
故國 山川을 떠나고자 하랴마난
時節이 하 殊常 하니 올등 말등 하여라.

(張勉)

다섯 字는 어떤가. 다른 곳도 아니요, '故國 山川'을 떠난다. 군소리 꾸민들 무슨 소용이 있느냐! 꾸미자니 차라리 아니 꾸밈만 못할 ''故國 山川' 그것뿐이다. 더는 아무 것도 없다. 다섯 字의 印象만 가장 깊은 故國 山川을 떠날 따름이다.

閑山섬 달 밝은 밤에 戍樓에 혼자 앉아
큰 칼 옆에 차고 깊은 시름 하는적에
어듸서 一聲 胡笳는 남의 애를 긋나니.

(李舜臣)

一聲 胡笳가 대장부의 애를 긋는다. 一聲 胡笳의 一聲에 소리를 툭 떨어뜨리고서는 胡笳에서 차츰 소리를 높이며 읊어보소, 이 사람 一聲 胡笳는 자네 애를 긋으리니…….

終章의 妙味 한 首의 가장 긴한 것이 된다. 따라서 그 音律의 變化가 甚하여 다섯 字 以上이면 여덟 字 아홉 字까지, 심한 것은 넉 字로 보이고 열 字도 보인다. 그 特例的인 字數들은 무슨 藝術的 表現의 꾀한 作으로 보이는 것도 있다.

冬至달 기나긴 밤을 한 허리를 둘에내여
春風 이불 아래 서리서리 넣었다가
어룬님 오신날 밤이여드란 구뷔구뷔 펴리라.

(眞伊)

이것이 그것이다. '오신날 밤엔'도 아니요, '오신날 밤이면'도 아니요, '오신날 발이 여든'도 아니고, '오신날 밤이여드란'의 여덟 字에 실날 같이 길고 가냘픈 계집의 사랑을 나타내려 한 것이 이것이다.

또 文章의 뜻을 잇기에 必要한 字數를 自由로 取한 것도 있다.

百草 다 심어도 대난 아니 심을 것이
젓대난 울고 살대난 가고 그리나니 붓대로다
구트나 울고 가고 그리난 대를 심을 줄이 있으랴

(失名)

'울고 가고 그리나니'라는 中章 語音을 잡아 放談 부린 作이다. 이밖에 아조 드문 律調.

가을 打作 다한 후에 洞內 모하 講信할제
金風憲 메더지에 朴勸農의 되롱춤이로다.
座上에 李尊位는 拍掌大笑 하더라.

(李鼎輔)

終章이 석 字 뒤에 넉 字다. 그뿐 아니라 中章의 二句 열 字라도 下半句가 여섯 字인 古時調가 대개 넉 字에 固定되다싶이된 部分이다. 그러면 이런 것은 作者의 沒識인가 하면 그렇지도 않다. 量으로만 보더라도 業績있는 作家요, 型의 伸長을 自由自在로 노리어 좋은 작품을 많이 남긴 作家다. 그러면 이 한 사람의 謬見인가? 그렇지도 않다. 여러 古時調가 ―모든 좋은 時調가 그렇게 自由롬을 볼 수 있다.

기러기 풀풀 다 나라드니 消息인들 뉘 전하리
愁心이 첩첩하니 잠이 와야사 꿈인들 꾸지

차라리 저달이 되어 비최여나 볼까 하노라

(失名)

綠陰 芳草 우거진 골에 꾀꼬리 롱우난 저 꾀리새야

네 소리 어여쁘다 마치 님의 소리도 같을시고

아마도 너 앉고 님 앉으면 아모 성줄 몰래라

(失名)

이 抒情詩들 아름답고나. 보라. 입으로 중어린 소리들이 아니다. 내 가슴 속에서 우러난 말들이다.

'풀풀 다 나라드니' '잠이 와야사' '꿈인들 꾸지' '마치 님의 소리도' '비최어 볼까'— 이 방점의 字들은 사실없어도 될 말들이다. 그러나 이 말들 있기에 이 抒情詩가 아름답지 않은가!

美를 爲하여 型을 超越하는 것은 美의 權利다.

이리하여 우리 時調人들은 大膽하게 型을 부시며 自由自在로 지었다. 그것을 오늘날 우리들은 '엇時調'이네 '辭說時調'이네 이른다. 그리고는 그네들은 이런 時調를 自由自在로 唱하였다. 그래도 그들에게 맞지 않는 律調이지는 않았다.

"不規則이면서 그 規矩를 不躍하는 神秘한 點은 우리 技術의 세계적 자랑거리이다."(『朝鮮唱劇史』)

字數의 伸張이 많은 古時調가 대개 失名이란 사실 역시 重要하지 않을 수 없다란 것은 그 時調는 대개다 口傳期間이 길었다 할 수 있기에, 民衆의 律動感情에 잘 맞는 律調이리라는 말이다. 다시 말하면, 그런 時調라서 우리네 律動秩序를 벗어남이 없을뿐더러 도려 民衆의 興味를 끌었으리라는 것이다.

이것이 時調였다. 그네의 性情, 그 律動的 表現이 時調였다. "歌與詩古 一道也"(靑丘永言序」). 어느 나라 詩歌나 처음엔 다 그러하였듯이, "專用方言"(靑丘永言序」)하여 지은 것이 時調였다.

그것이 古時調였다. 그러나 現代時調는 되지 못한다고 나는 말하려 한다.

ㄴ. 形態論

이러한 時調가 三十年 前 新文學 勃興과 함께 六堂 春園님의 손에 發見되어 創作하는 바가 되고, 十五年前 內外에서 이르러서는 時調의 論議도 제법 눈에 뜨이게 되었다 한다. 그러나 遺憾인 것은 나의 寡聞이다. 時調를 三章으로 나누기 비롯하기는 어느때 누구부터였는지 그것조차 나는 모른다. 그러기에 우선 여기서는 三章을 肯하기고 하고, 아래서부터 우로, 卽 字數부터 考察하기로 한다.

들은 바에 틀림이 없다면, 春園 요한님 두 분은,

	第一句	第二句
初章	七	八
中章	七	八
終章	八	七

을 주장하셨다 한다. 그러나 이것은 初學者에게 알리기 쉽게 簡單하게 가른 것이리라고 생각한다.

그런데 이것을 그저 그대로 金科玉條로 받들어 信奉하고 西洋音樂 作曲法에 合黨합네 하며 世界的 價値를 唱導하고 나선 安自山님의 說을 들어보자.

自山님은 그 著書 『時調詩學』에서 말하자면 다음과 같은 算術을 하시었다.

定型= 1首45字÷3章=15字

:15字÷2句=先7后8,

1首3章×2句=6句,

그리고 初章 一句부터 一句 二句……五句 六句의 이름을 주고, 여기서 한 字라도 벗어나는 놈은 '不定形'이란 홍두깨질을 하여 이를 自山님이 가장 忌避하시는 非藝術的인 것이라 한다. 그리고 立脚原理와 人間의 生理的 關係로부터, 왜 하필 十五字를 하나는 짧게 七字요 하나는 길게 八字란 별진잘숙의 팔자가 되었으냐하는 理由를 說明한 곳에서는 '引算'까지 하여 明哲하신 論筆을 보여주셨다. 이 冊의 紹介를 하자면, 自山님은 또 七八·七八·八七이란 大法則 아래에서는 어떠한 古典이던지 저절로 字數가 加減되고 韻이 성립되는 '文章法', '充美하게 選擇한' 天地 萬物要語 措語의 大詞華集 '作詩法'(이 詞華들은 딴다면 自山님같은 大詩人이나 되련만 그러기 싫으니 不幸하고나 그리 못되리라). 그리고는 끝으로 時調의 缺點인 無韻 或은 半意識的 韻法을 살려서 四十五字를 嚴守하신 自選 傑作 百六十首.

反省은 修理니라, 完成人을 造成헌다.
覺醒은 發明이라, 새 人物을 創造헌다.
바보와 古人意見, 訂正할 수 없어라.

(百六十五項)

以上과 같은 內容이다. 그러나 이것만은 自山님의 失手였다. 七八·七八·八七을 벗어난 許多한, 아니 거의 全部의 古典에서나 '不定形'이란 석 字밖에 그 算術의 메스를 넣지 않았다는 點이다.

나는 自山님이 왜 이런 도구마를 세우신지 알 수 있다. 너무나 唱으로서의 時調를 깊이 캐었기 때문이다. 그 功勞는 살만하다. 事實 나는 많은 것을 배구기도 하였다. 그러나 時調文學은 벌써 唱을 要求하지않는다. 이것이 서슴지 않고 排擊하는 所以다.

어떻든 내가 앞에 든 古時調들은 全部가 '不定形'으로 自山님께서 버림받았다. 나는 貴重한 그들을 救하지 않으면 안되겠다. 나는 푸대접하는 이 『時調文學』의 取할 것 없는 자리는 자세히 볼 必要가 없다고 생각한다. 詩人은 이런 桎梏에서 살 수는 없기에.

지난 二月 人文評論에서 발표된 趙潤濟님의 '時調의 本質'은 많은 問題를 提示하여 주고 가르침도 많았다. 거기서 趙潤濟님은 一首를 十二九로 하고

初章 三 四 三(四) 四

中章 三 四 三(四) 四

終章 三 五 四　　三

대중으로 하고서 初中終章 第四句, 終章 第三句 回는 變動있음을 즐기진 않고, 終章 第一句의 三字絶對不變, 나머지는 比較的 自然스럽다 하신다. 이는 趙님께서 '歌曲源流'의 平時調 大部分을 統計한 結果라 하시니 信賴할 設이다. 局外者로써 趙님의 이 設은 首肯된다. 나는 그 學的 硏究에 敬意를 表한다. 그러나, 이 設은 역시 學的 硏究, 局外者의 見解에 不過하였다. 그러기에 그 論文에서 가람 時調의 不規則을 탄하셨던 것이다. 學徒가 取扱하는 古典이었을 뿐, 文學精神을 追求하는 作家의 時調觀은 아니었다.

그런데 반가운 것은 이 型 비슷한 設을 主張하는 作家를 나는 四, 五年 前에 알았다. 모범 같으신 天才 詩人 曺雲님 그분이다. 人間味가 찰찰 넘치는 듯하면서도 니힐한 분이기에 時調論도 특별나게 내세우지 않으시나 가장 볼에는 만하다고 나는 생각한다.

역시 趙님과 같이 十二句設이고 音數律에는,

初章 三 五 四 四

中章 三 四 四 四

終章 三 六 四 三

을 中心으로 傍空點만 그대로 두고는 各句一音씩 上下自由로 加減하는 正調律과 其他의 變體를 設定하시었다. 表示하면,

正調律

	一句	二句	三句	四句
初章	二・三・四	四・五・六	三・四・五	四
中章	二・三・四	三・四・五	三・四・五	四
終章	三	五・六・七	四	三

變體

初章	二・二・四・五	三・四・五・六・七・八	二・三・四・五・六・七	二四・五六七・八
中章	一・二三四五	二三四五六七	二・三四五六七	三・四五六七八
終章	三	四五六七八九十	四・五・	三四

全部 古典에서 細密히 봅아 科學的으로 整理하였다. 그런데 여기에 注目할 것은 初章 第二句와 終章 第二句다. 이는 雲님의 獨特한 設이며 趙님의 不注意로 캐낸 것이다. 卽 여러 사람이 건성으로 看過하는 것이지만 初章 第二句가 四 以下로 되 古典의 例는 아조 드물뿐더러 그리되면 時調的 韻調에 맞지 않게 된다. 또 終章의 第二句가 五 以下 되는 것도 그러하다. 그런데 趙님이 四, 五만을 定하여 두고 比較的 自由롭게 變할 수 있다고 말하신 것은 不注意였다. 이는 실로 雲님의 周密한 調査이며, 雲님이 얼마나 時調的 韻調를 重要視하시는가를 말한다. 正調律에서 初中章 第四句, 終章 第三句 四句

(一句는 勿論)를 加減 못하게 함은 더욱 그러하시다. 사실 雲님은 時調朗讀을 들어본 이는 알겠지만 切切 斷腸의 韻調 詩句의 뜻 如何없이 잊히지 않는 印象을 준다.

雲님은, 變體는 句調에 아름답지 못한 點이 있다는 것뿐이고 다른 理由를 두시지 않엇다. 그러기에 우리가 正調律을 스든지 變體를 쓰든지 아랑곳 없다. 作者 自身이 아름답다고 보면 그만이다. 型의 구박을 옹색스럽게 濫受할 필요가 어데 있느냐. 스스로 型을 開拓하여 비로서 價値가 빛어 나는 것이 아닌가.

이것이 文學精神이다. 時調가 現代文學에 드는 길은 이거이다. 한 文學 形式으로서 文學領域에 들어야 마당할 일이다. 이것을 主張하고 積極的으로 製作活動하는 분이 가람님이었다. 作家는 論壇에 加盟할 必要는 없다. 가람님은 別로 論陳을 치고 나서지는 않었으나 機會있는대로 斷片的으로 時調의 現代文學化의 意見을 내셨을 뿐, 主로 作品에서 그 規模를 여주였다. 나는 別로 읽은일이 없으니 여기서는 今春 東亞日報에 發表된 「時調의 形態」란 論만을 대중삼아 그 片貌를 엿볼가 한다.

어떻든 가람님의 分析은 자못 우습다.

	第一句	第二句	第三句	第四句
初章	六一九	六一九		
中章	五一八	六一九		
終章	三	五一八	四·五	三·四

卽 初中章은 二句로 나누고 終章만 四九로 나누셨다. 가람님은 學的 態度에서 六句說을 肯定하시면서 作家로써 終章의 微妙한 型때문에 結局 六句說을 承認못하시고 말았다. 說明을 雲님說과 對照하여가면 하여보자.

울며 잡은 사매 떨치고 가지마소
草原 長堤에 해다 저므럿다
客窓에 殘燈 돋오고 새와보면 알리라

(李明漢)

雲님의 正調律은 이 中章을 '해다'가 두 字인 理由에서 變體라 한다. 그러나 가람님의 六부터 九까지 任意로 쓸수 있다는 說에 依하면 이는 變體가 아니된다란 것은 '해 다 저믈었다' 合쳐서 여섯字가 되기에다.

卽, 가람님이 音脚을 句로써 가르지 않고 意味上으로 句를 가른 것은 이렇게 詩句의 伸縮을 自在로 許하여 美感을 돋우려 하신 것이다. 그런데 終章에 오면 그 고집센 第一句 三, 絶對 不變하는 三이란 놈이 버리고 섰는 통에 形態上 그 아랫 句와의 混同은 不變한 것이 되고 만다. 卽, 지금 終章도 初中章가 같이 意味上으로봐서 「客窓에 殘燈 돋오고」를 한 句로 본다고 치고 그 字數를 八부터 十一까지라고 定한다면, 絶對 不變이라는 三이 二나 四 또는 一이 되더래도 무방하다는 말이 되고 만다. 事實에 그럴 時調人은 없겠지만 字義的으로 解釋하면 可能한 일이다. 그래서 가람님은 이를 第一句와 第二句

로 區別한 것이라고 생각한다. 第三·四句도 그러하다. 第三句가 四나 五는 될수있어도 四以下된 前例는 없고, 第四句가 三·四는 되어도 三以下된 前例는 殆無라 하여도 過言이 아니다. 그런데 이 두 句를 合쳐 한 句로 하고 音數를 七－九라하면, 第三句가 四以下될 수 잇고 第四句가 三以下될 수가 있다. 그렇게 된다면 時調的 韻調는 美롭지 못하게 되리라는 뜻에서 가람님은 終章만을 四句로 나누심인가 생각한다.

字數에 있어서 雲님 說과 가람님 說을 비슷하나, 初中章에서 훨신 自由롭게 되고 終章第二句에서 한字가 더 自由롭게 된 點에서 가람說은 現代的 感情 包容에 한발 앞섰다 한 것이다. 이러한 包容의 精神은 가람님이 前記론論에서 말한, 다음과 같은 節에 明瞭히 나타나 있다.

"時調도 그 用語와 取題에 따라 그 特性을 잃지 않는 限에서는 句法 章法 篇法등을 암만이라도 變化있게 쓸수가 잇다. 우리가 짓는 時調는 古典이 아니고 創作이요 現代詩다."

그리고 또,

"變化가 없는 글은 죽은 글이다. 붓을 들때에는 創造의 神이 되어야한다."

고 하시며 스스로 그 作品에 이런 精神을 보여 주시었다.

이리하여 가람님은 趙潤濟님이 前記 論에서 論難하신대로 現代詩로서의 唱道하여 왔다. 自由詩에 接近시키려 하셨다. 그러나 時調가 아즉도 高調조를 못벗어나고서 現代的 感情에서 버림받아 自滅

할 길을 막는 唯一한 方途를 提唱하셨다. 뒤에 다시 論하길하고 다음으로 句法과 章法을 考察하여보자.

내가 가장 決斷하지 못하고 있는 대목이 이 句法이다. 十二句體와 六句體의 어던 것이 便利하고 좋으냐. 또는 가람님처럼 自由롭게 갈러 좋으냐 나쁘냐. 明確한 記錄이 없기에 이러한 分裂이 생기었다.

가장 科學的이고 가장 理解하기 쉬운 分析法인 까닭으로 내가 初學者 여러분께 勸하는 雲님 說은 앞에서도 말한바와 같이 時調的 律動을 마스터하기에 가장 좋은 說이다. 비록 時調는 그 搖籃인 唱을 떠나서 文學的 장르로서 우리에게 남겨진 것일지라도 時調的인, 歌詞的인, 民謠的인 律調, 四四調가 오늘날도 오히려 우리네 感興을 겨웁게하는 事實은 否定할 수 없을 것이다. 그렇다, 오늘날 時調는 文學精神의 要求에서 차차로 自由律을 向하여 간다. 그러나 同時에 時調는 藝術的 要求에서 四四調－ 그것은 우리네 性情에 가장 合當하였던 이 律調를 要求하여 마지 않는다. 여기에 있어서 나는 將來의 時調人들이 律調의 妙와 韻을 追求하여 그속에서 美를 獲得하려 힘스게 될 것이라고 생각한다. 그것은 있을만한 일이며 있어야할 일이다. 이 點에서 自山님이 聲調의 硏究에서부터 時調를 格쳐 十二音脚을 設定하고 韻을 强調한 것은 首肯된다. 그러나 自山님은 可히 더부러 論議할분이 못되시난. 時調人들이 時調에서 韻과 律調를 探求할 날은 그들이 型을 征服한 뒤의 일이어야 한다. 室內의 構造, 窓의 位置를 보기 前에 어디다 함부로 단한폭 額이라서 깔보아 裝飾할가부냐. 오늘날의 問題는 型의 征服에 있다. 現代的 感情을 어떻게

하면 時調들에 吸入할 수가 있을가에 있다. 三章 六句, 一章 十五字 整形을 金科玉條로, 한字의 不規則도 홍두께질하는 自山님의 說을 서슴히지않고 버려내치는 까닭이 여기에 있다. 그렇기에 또 十二句體를 雲님說, 八句體 가람說까지에도, 여러 가지 同感도 不拘하고, 不滿을 느끼지 않을수 없게 된 것이다.

그러면 六句說의 根據는 어떠한가. 十二句說을 主張하시는 趙潤濟님도 이六句體에 未練이 있으시는지 이렇게 말하신다. ㅡ"(…중략…) 鄕歌의 八句體歌 十句體歌와 같이 『八』을 中心으로 分句한다면 六句體歌 된다."

"時調는 처음에 單純한 六句體歌로서 아직 時調라는 認識도 없이 오랜 옛날에 다른 모든 歌形과 雜居하였을 것이다. 그러나 그때에는 그 形式에 對하여 아무 特別한 文學的 價値도 發見하지 못하고 다만 普通의 한 歌形이라고한 생각하여 왔었던 것인대 그後 널리 쓰이는 동안에 漸漸 그에 어떤 形式的 美를 發見하게되고, 또 그에 따라 六句體歌는 單純한 六句體歌로서가 아니라 다시 그 形式을 整頓하여 定型詩의 胚胎를 이루고, 그것이 오늘의 時調에가지 發達한것이리라한다."

自山님에게도 六句에 對해서 말하는바가 조금 있다. ㅡ"그 歌道는 三國時代에 當하야 이미 發達을 遂하니 其時의 歌體는 四句 六句 八句 또는 十句 等의 短體와 또 十句以上의 體裁인 長歌도 있었다. 其中 短歌體는 抒情을 中心삼아 가장 發達하다가 高麗中葉에 來及하여서는 古來 各體가 衰하여지고 新體卽時調體로 集中되야……"

"……古樂曲을 査實하여 보건대 百濟 井邑詞도 六句三段이오……翰林別曲도 六句三段이오……" 그나 自山님것은 아무리 읽어야 캄캄 밤 中이다. 年前에 八十넘은 일갓집 어룬께서 옛이야기 캐다가 답답한 맛을 본것과 똑같다. "왠가요?" "응, 그저 그런단다." "그저 그랬단다." 아무리 드러야 왠 가닭인지는 모른다.

그러나 史的 根據는 있는듯하다. 그런게 가람님은 이것을 全혀 無視하셨다. 科學的 分句 十二句說도 無視하셨다. 그리고 字數에서도 그러하시더니, 創作에 必要한 態度라면 무엇이나 容認하신다. 아까 그 말슴을 引用한바와 같다. 創造의 神이 되시는 가람님은 創作에 있어서 이렇게 型을 征服하시었다. 그것이 學的硏究밖에 모르는 분, 이를테면 趙님의 反對를 사고, 型의 征服이라는 意義를 알리 없는 徒輩, 이를테면 自山님등의 反對를 일으키게 되었다. 이 속에서도 가람님은 創作을 爲하여, 表現을 爲하여, 不安全한 八句體나마 敢然히 들고 나서셨다. 그리고 말하시기를, 「그 特性을 잃지 않는 限, 句章篇法을 암만이라도 變化있게」쓰라고! 이렇게하여 가람님은 型을 超越하시었다. 나는 가람님의 句法을 全的으로 容認하는者는 아니다. 그러나 나는 이 精神을 배웠다. 내가 나의 디렘마에서 發見한 것이 가람님의 이 征服의 精神, 超越의 精神이 아니고 무엇이었더냐!

眞理와 拷問

『현대일보』, 1946.8.24

세상에서 가장 안타까운 일이 무엇일까? 無智와 蒙昧 때문에 偉大한 것 귀한 것 옳은 것 큰 것 이러한 事物이 忽然히 슬어져 버리는 일 —그보다 더 안타까운 일이 또 있을까?

그것은 참을 수 없는 일이다 偉大한 事業이 無知蒙昧다만 그것 때문에 꺾이고만다는 것은 참을 수 없는 일이다 귀중하고 큰 것이 無智 몽매 때문에 슬어지고 만다는 것은 참을 수 없는 일이다 주학자 '알키메대스'는 偉大한 數理가 머리에 떠오르려는 지음처들어온 '로마'의 一個兵卒의 창에 넘어졌다 '소기피오'가 慨嘆痛憤한 심사를 우리는 잘 안다 人類는 그 數理를 찾노라고 아마 수백년 아니 천수백년이란 시간과 精力을 虛費하엿을 것이다.

뛰어난 學者들이 迷信과 싸우면서 二百年이란 세월과 精力을 희생하여 얻은 解剖學은 二百年前에 「레오날도. 다빈치」가 연究覺書에 써둔것에 지나지 않엇다 그 覺書는 法王廳과 그 權門의 無지와 그 時代의 蒙昧 때문에 종적을 감추고 숨어 있었던 것을 우리는 잘안다

法王廳과 그 權門 때문에 眞理를 부르짖은 '꼬르다노.부루노'가 焚刑을 받은 사실을 우리는 잘안다

法王廳과 그 權門 때문에 偉大한 老科學者 '까러레'가 野蠻的인 拷問에 못이겨서 眞理의 否定에 署名하였고 眞理 探究權을 剝奪당

한 사실을 우리는 잘안다

無智를 爲한 權謀蒙昧를 爲한 術策에 대한 鬪爭을 통하여 人類는 發達하여 온 모양이다 참을 수 없다하고 奮然히 일어나는 正義感 이것이 인류의 向上을 지탱하여온 모양이다

그것이 가는 곳마다 사람이 모인 곳에는 반드시 있다는 것은 반가운 일이다 더구나 그러한 正義를 正義의 적中에 발견할 때는 더욱 반갑다 一例를 들면 法正廳完敎裁判所는 '까라레'의 刑罰宣告書를 臨席判事 △機管 十名의 이름으로 作成하엿다 그러나 정작 署名은 七名뿐이었으니 나머지 三人은 비록 權勢에 阿父하여 있는 身分이나마 不正을 보고 참을 수 없어서 署名을 拒否한 것이 분명하다

그들은 물론 人類가 人類의 發達을 좀먹는 이러한 權謀를 막지 못하였으나마 七名이 그 遇行에 快樂을 느낄 때 그들 三人은 세상의 不運한 正義와 더불어 寂寂을 느꼈을 것이다 그러나 그것은 그들과 더불어 人類의 名譽일지언정 損失은 아니다

잘도 말한지고! '서 守道德者, 寂寞一時, 附下權勢者, 凄凉萬古'라는 구나! 權勢에 아참하여 寧目이 없는 무리여! 萬古의 '凄凉'을 어찌하려는가?

—筆者는 詩人—

爭運泥土

『신천지』 4권 1호, 1949.1.

식전에 마장집 사환아이가 왔다. "아홉시꺼지요오 洞會에 모여서 이름을 적구요 서울 운동장에 나가시래오."

"오늘은 또 무슨 날이니?"

주인이 마루 끝으로 나오면서 묻는다.

"궐기대회가 있대요. 누구 나오시겠어요?"

"아무렴 나가구말구그래 궐기대회구먼…… 애 복순아!"

부엌에서 아침을 먹던 계집애가 主人앞에 나왔다.

"너 어서 먹구설라문 서울 운동장엘 갔다 오너라. 먼첨 洞會엘 가서 우리집 이름을 똑똑히 적어달라구 하구서 말야, 알겠니?"

그러고서 主人은 굵은 목소리로 우리방 쪽을 향해 나를 불렀다.

"댁에서두 가셔야죠?"

"나가다 뿐이겠어요? 이래봐도 우리도 한 世帶 걸요 허허!"

사환아이는 내 대답을 듣고야 발을 돌이켰다.

洞會 앞마당은 벅적벅적하였다. 미닥질하고 다투어 가면서 "몇통 반 아무개 적어 주세요!" 하고 요란스러웠다.

"爭運泥土!"

나는 문든 新羅적 民謠를 생각하였다.

'됐다! 이걸로 編輯者의 請에 應할 수밖에……』

하고 생각하니 금시에 참으로 오랜만인 原稿紙가 그리워졌고 동시에 꼭 一年前에 이 爭運泥土 이야기를 해주신 曺雲先生 불현 듯 보고 싶어 졌다.

先生이 안 계신 틈을 타서 내가 이 이야기를 發表한다는 것은 말하자면 朝鮮文學思上의 눈부신 創見을 훔쳐 내온 셈이 되지만 그것이 貴한 詩話인 만큼 그냥 묵힐 수 없을 성만 싶어서 敢히 붓을 든다.

××

三國遺事 卷四 良志使錫 條에 말하기를 良志라는 중의 錫杖은 자루가 매힌채로 절로 人家에 날아와서 절로 흔들려 소리가 났다 한다. 그러면 사람들은 고것이 바로 良志의 錫杖임을 알고 齊費를 바쳤다. 자루가 그득 차면 錫杖은 또 절로 날아서 돌아갔다. 그래 世人은 그의 사는 곳을 錫杖寺라 하였는데 아무튼 그의 神異함이 이렇듯 측량없고 비길데가 없었다.

뿐만 아니라 글씨며 계와며 塔 佛像의 彫刻이며 한것없이 온갖 재주에 通하지 않음이 없었다. 이러한 良志가 靈廟寺의 丈六尊像을 塑造하게 되자 온 城안 士女라는 士女가 모조리 다투어 가면 泥土를 運搬하면서 다음과 같은 民謠를 불렀다는 것이다.

오다 오다 오다
오다 서럽다라
서럽다 이내여
공덕 닦으라 오다

(梁柱東氏 判讀에 準함)

古謠에 對한 世評으로서 以上과 遺事의 說明을 넘어서는 것이라곤 하나도 없었다. 그中 代表的인 것을 들면 趙潤濟氏의 “朝鮮詩歌史綱』이다. 曰

“……그中에도 靈廟丈六은 특히 유명해서 傾城士女가 서로 다퉈 모여들었으므로 이 노래가 流行하였다……”(同書43頁)

日帝가 그 狂氣 한창일 적에 本土에는 가시와바라神宮을 지었고 植民地인 朝鮮에다는 扶餘에다 百濟神宮을 創建한답시고 떨치던 일은 누구나 다 알고 있다. 그때 扶餘로 扶餘로 京城 아닌 傾國의 男女學徒가 ‘榮譽’의 ‘勤勞奉仕’를 갔었다. 얼마나 굉장한 爭運泥土였던가? 멀리 玄海灘을 건너 奈良으로 奈良으로 日本 全國圖에서 모인 勤勞奉仕隊는 얼마나 굉장히 新聞紙面을 떨쳤던가? 大韓의 後裔로서의 ‘功德을 닦으러’ 얼마나 많이 쏟아졌던가!

‘온다노래(如來家)’는 바로 이것이다. 이것이 아니고선 ‘서럽다!’라는 말이 解明될 수 없는 일이다 無不通藝한 良志의 靈廟寺를 ‘讚揚’ 할진대야 무슨놈의 ‘서럽다 이내몸이여!’ 하는 身世打令이 必要하겠느냐!

감박 속아 넘어간 사람이 釋一然이다. 고놈의 ‘功德 닦으러 온다’는 바람에 속아 넘어간 것이다.

아무 意識도 없이(一然의 功績을 허무는 말은 아니다.) 그저 佛敎 宣傳材料만 모으려던 釋一然이인지라, 그로서는 釋良志의 神妙를 일컬

어야만 하겠고 그證據로는 京城士女가 爭運泥土하였다고 해야만 하겠고 '公德 닦으러온다'는 風謠까지 있으면 넉넉하다고 생각하였을 것이다. 그러나 民衆은 언제나 賢明하여 어리석은 것은 一然이었다. 하지만 이러고보니 一然이보다 한곱 더 속고있는 것은 所謂 요새 硏究家들이 되고 만 셈이니 우습지 않은 일이다.

××

問題는 여기서 落着되어서는 안된다. 우리는 社會意識과 現實認識의 表現으로서의 文學을 알아야 겠다. 이 文學作品 하나로서 歷史家의 數年 工夫의 結果를 簡單히 말해 버릴 수도 있고 一然이보다 더 어리석은 史家들의 平生工夫를 단번에 뒤집어 엎을 수도 있음을 알아야 한다. 왜냐면 慶州 서라벌 廢墟에 서서 그옛날의 燦爛한 文化를 부질없이 슬퍼할 必要가 없게 된 까닭이다. 果然 新羅의 佛敎文化는 우리民族이 外來文化를 이렇도록 偉大하게 消化하였다는 것을 말하고는 있다. 그 눈부시었을 佛敎文化 그것이야말로 實로 人民의 피와 땀을 搾取한 成果였음을 否定할 수가 없다. 勤勞奉仕가 작히나 찌긋찌긋하였던들 그와같은 신세타령의 民謠가 流行하였겠는가?

마치 오늘날 우리 大衆과는 아무런 相關이 없이 世宗路를 疾走하는 流線型 自家用과 수많은 自動車를 가지고 現時의 朝鮮 民族文化가 이것이로다!하고 내세울 수 없음과 무엇이 다르랴!

所謂 神鍾으로 일컫는 奉德寺의 鍾은 俗名에 '에밀레종'이라 한다! 鍾造 當時에 온 백성이 信仰이 至極한 나머지 구리쇠나 무어나 모조리 獻納하여서 그걸로 이루어진 종이다. 그때 어느집 婦人은 너

무도 가난한지라 獻納할 것이라곤 없었다. 하다못해 사랑하는 애기를 바치게 되어 그 이글이글 끓는 쇠물속에 어린 아이는 녹아 슬어지고말았다. 애기를 도가니 속으로 쳐넣을 때 '에밀레!' '어미 때문에!' 하고 부르짖었다는 것이다.

어리석은 사람들은 이로서도 또한 그어미의 信仰의 至極함을 일컫고만 있다. 그러나 생각하여 보라. 제아무리 미쳤기로서니 어머니로서 사랑하는 내자식을 죽음으로 몰고 가겠다던가? 그래도 史實만을 뒤척이겠다면 그대를 觀念文字로만 노는 무리에게 묻노니 日帝가 强盜 侵略戰의 未明에 그 갑진 金가락지며 놋그릇이며 수저까지를 살살이 빼앗아 갈 때 그대들은 진실로 所謂 그 진저리 나는 赤誠으로 바쳤던가? 그대들의 자식들을 徵兵과 徵用으로서 보냈던가? 그대들이 어떻게 맘먹었거나 間에 놈들은 赤誠 赤子 忠勇을 一號活字로 뽑아 썼던 것이다.

그 피와 땀으로 利를 보고 榮譽를 눌러 온 者는 良志요 奉德寺요 그때의 所謂 功德者들이요 帝王들이었으며 親日派였고 南次郞이었고 裕仁이었던 것이다.

모든 것을 뜯어 고쳐서 훑어 보아야만 할 새 時代는 正히 왔고 人類가 그만한 슬기를 배운지도 이미 世紀를 곱게 되었다.

四八, 滿月

鸚鵡之人言

『주간 서울』, 1949.1.24

요선에나온 李明善氏의 『朝鮮文學史』를 읽다가 西浦慢筆도 『鸚鵡之人言』 一節의 引用한데를 보고 새삼스럽게 典籍의 出版社業이 하루바삐 國家的規模로 實行되어야겠음을 느꼈다 貴重한 文獻들이 普及해있지않음으로서 젊은 學徒들이 冊을 求하지 못하고 民族文化의 科學的가 늦어진다고 생각키었던 까닭이다 勿論 『鸚鵡之人言』은 金台俊氏의 『朝鮮小說史』에 나왔었지만 아뭏 튼 그와같은 一種 藝術論에 屬하는 興味있는 民族의 智慧가 古典籍을 캐면 캘수록 많이 나올성만싶다

所謂 『鸚鵡之人言』一節은 西浦 金萬重이 松江의 前後 美人曲과 關東別曲 三篇을 評한데있는 말인데 要所를 번역하면 다음과 같다

"사람의마음이 입을 通해서 튀어나오는 것을 말이라하고 말에 節奏가 있을 때 우리는 그것을 歌 詩 文 匧라하는 것이다 勿論여러民族의 말이 제여곰 다떠다 그러나 말을잘하는사람이 있어 그말에 節奏를 메기면 어느 民族語라도 天地를 感動시키고 鬼神에라도 通할수 있는 것이 한 홀로 中華의 漢文만이 그러한 것이 아닌 것이다 그럼에도 不拘하고 우리나라 詩文은 우리의말을버리고 남의말 즉 漢文을 배우고만 있는 형편이다 그렇지마는 남의 말은 제아무리 똑같이말한다할지라도 앵무새의 사람말하기일뿐인 것이다 물긷는마을 婦女

들이니 나무꾼들의 和答히는 노래를 俗스럽다고 하지만 그 진짜 가짜를 따지기로치면 學士大夫들의 所謂 詩賦와도 다른 것이 없는 것이다”

이렇게 말하고 西浦는 松江의 三篇은 우리말 詩인데다가 뛰어난 作品이라는 것 그 中에도 後美人曲이 文字를 섞지도 않고 絶等하고 말하였다 아무렇든간에 이는 우리 朝鮮 文學上의 決定的 宣言의 하나이며 또한 藝術論의 한모를 말하였고 同時에 民族文化獲得의 先驗的宣言이다 解放後에 ‘한글運動’이라는 말을들때 나는 이상스럽게 느꼈다 當然이 自然히 必然的으로 우리말상인텐데 運動이 무슨運動이냐고! 勿論지금와서는 그만큼도 있음직한 일이었다고 생각하고 있다.

우리는 帝國主義 侵略時代에 앵무새노릇을 많이 해왔다 지금은 解放이 되어서 우리가 한 時바삐 文明의 位에 뒷지지 않도록 外國語獲得이 必要한 時期다 그런데 解放後 英語學習狀態를 보면 그 目的과 主眼點이 合致된것같지를 않다 듣는바에 依하면 指導者들은 시트를 排斥하고 自然스러운 會話로부터들어가서 習性的으로 文法을 獲得하여야 할 것이지 文法的으로 가르치는 것은 不可하다고 主張하고 指導한다고 한다 나는 그것을 생각한다

日本의 英文學者 田部震治先生의 講義를 들은 일이 있었는데 學生들이 發音에 焦心하는 것을 先生은 몹시 미워하였다 日本人은 원숭이다 獨人이나 佛人들은 英語도 自國語式發音으로 해버리는데 日本人만이 꼭 흉내만내는 것을 上等으로 알고 조금만 틀려도 얼굴이

붉어진다 奴隷根性도 이만저만한 程度가 아니다! 이렇게 말하면서 일부러 日本式發音으로 뛰어난 英文學講義를 하였다.

詩話三題

『학풍』, 1949.3.

一

玉을 돌로 여긴다는 말이 있는데, 朝鮮 文學에 있어서 그런 憾이 퍽 많다. 그것은 첫째로 正當한 鑑賞을 못하기 까닭이요, 둘째로 올바른, 文學 傳統과 文學史가 確立되지 못하였기 까닭이다. 이를테면 松江이라 하면 뛰어난 詩人이라고 말하면서도, 그의 作品 어느 點이 偉大한 지를 鑑賞해 주지 못산다. 西浦가 後美人曲을 第一로 삼았다 하니까 後美人曲이 絕等하다고 말하는 現代人이 있는 것이다. 關東別曲이 名詞투성이의 紀行文인 줄만 알고, 眞剔臺에서 大金剛을 바라보는 不出世의 敍景 —결코 李白도 부럽잖은 詩篇 같은 것도 하나도 옳게 鑑賞해 주는 일이 없었다. 時調에선 더욱 그렇다.

“흥! 고리터분한 時調가 다 머야?”

나도 古時調라고 하면 儒冠들의 三綱五倫 訓話가 제格이고, 고작해야 名妓들의 唱쯤으로 생각한 일도 있었다. 그러나 그 “고리터분한 古時調”속에, 實로 세계의 어디 내놔도 떳떳한 詩論을 말한 보배까지도 우리는 文學 遺産으로 가지고 있는 것이다.

노래 삼긴사람 시름도 하도할사

일러 다못일러 불러나 푸돗던가
진실로 풀릴것이면 나도불러 보리라

이것은 象村 申欽의 詩다. 大意＝

"詩人은 시름도 많고도 많음인지……. 말로써 表現하다 表現하다 겨워서 노래로 불러 그 시름을 펴 버리는 것인가? 진실로 노래불러서만 맺히고 맺힌 시름이 풀리는 것이라면— 그렇다면 노래를 불러난 볼까부다!"

詩란 무엇이냐? 이렇게 묻는 사람에게 부질없이 '아리스토텔레스'부터 '파운드'까지 들출 것 없이, 우리는 古典 文學에 이와 같은 보배가 있음을 말하면 足할 것이다.

이 三章詩 속에서 象村은 詩의 本質的인 것까지 말해 버렸다. '삼긴다'는 말은 動詞의 줄기 '삼(爲)'에다 被動助詞 '기다'를 어울른 말이다. 따라서 그것은 만드(造)는 것도 아니요, 짓(作)는 것도 아니다. 藝術品은 直觀 狀態에 本然的으로 存在한 形態라는 것이요, 創作 過程이라는 것은 本然的인 形態 그것을 찾아내는 工作에 不過한 것이다. 그러므로 '노래 삼긴사람'은 詩를 짓는 사람이 아니라 '詩가낳아지도록 하는 사람'인 것이다. 卽 그것은 만들어 내는 것이 아니라, 저절로 '생긴다'는 말이다. '생기다'라는 말을 '生기다' 또는 '生起하다'로 쓰는 無識한 識者들로 있으나, 그 語源은 '삼기다'요, 순수한 우리 조선말이다.

'시름'이라는 말은 苦惱다. 矛盾이다. 神話文學 時代는 問題가 아니되지마는, 宗敎文學時代에 있어서의 唯一神과 人間과의 對立에서 빚어지는 여러 喜悲劇 그것이며, 封建文學時代에 있어서 特權과 人間과의 對立에서 빚어진 喜悲劇이 그것이요, 부르조아 文學時代에 있어서 人間과 人間과의 對立 軋轢에서 생기는 가지가지 矛盾狀態 그것인 것이다. 이것을 통털어 '시름'이라는 한 마디로 나타낼 수 있는 조선말은 얼마나 고마운 말이냐?

詩人은— 藝術家는 讀者앞에 시름을 再現시킴으로써 노래삼긴 사람인 것이다. 그러나 그 시름의 再現에는 먼저 體驗이 先行한다. 이리하여 象村의 初章은 成立된다.

詩人 — 얼마나 시름이 많고 많으면 노래가 삼기는 사람일까?

이것이 그 初章이다.

우리는 그와같은 시름들을 가지가지 表出動作으로 表現할 수가 있다. 數百萬語의 雄辯으로, 또는 웃음으로, 눈물로, 몸부림으로, 아우성으로, 날뛰고 發惡하고 얼마든지 나타낼 수가 있다. 그러나 그 모든 것을 다해 보고 다해 보아도 맺히고 맺혀서 가슴 속에 뭉클거리는 시름 그것을 못다 펴버리는 경우엔 어찌할 것인가? 일러도 일러도 다 못이르는 경우엔 어찌할 것인가? 그 때 詩人은 노래로 불러서 뭉클거리는 그것을 풀어 버리는 것이 아닐까? 이리하여 象村의 中章은 成立된다.

그러나 이는 짐짓 第三者的으로 敍述하였음이요, 事實은 象村自身의 心情을 말한 것이다. 시가 무엇이기로 내가 이리 잠도 못 자고 輾轉하는가? 그림이 무엇이라고 굶주리고 떨면서 내가 이리 畵筆을 놓지 못하는 것일까? 행여나 가슴 속에 깊이 맺힌 그 시름이 풀릴까 도 생각하고서— 아니 아니, 人間의 가슴 속에 맺힌 것, 人類의 가슴 속에 뭉클거리고 있는 그것을 再現으로써 풀어버릴 것을 念願하면서, 나도야 노래를 불러 보겠노라— 이것은 分明히 藝術家의 藝術家다운 보람이요 矜持인 것이다. 象村의 終章은 이렇게 成立된 것이다.

이와 같은 象村의 時調에 對하여 이날까지 平家들은 어떠했던가? 市井에는 무슨 詩歌史綱입네, 무슨 新譯입네 무슨 文學史입네 하는 여러 가지 冊들이 大學教授라는 看板으로 再版 三版 팔리고 있으나, 이 時調의 흔적은 찾아 볼 수가 없는 형편이다. 그런 冊에서 申象村의 項目을 떠들어 보면 기껏했자 『白鷗』나 『造化』 程度의 부스러기가 나올 뿐이다.

오직 多幸히도 『靑雲時調集』 첫장을 젖히면 '愛誦詩'로서 이 노래가 모셔 있다. 果然 詩를 愛誦하는 靑雲氏만이 「부엉이」의 一首를 지을 수 있었던 것이다.

「부엉이」

꾀꼬리사설 두견의목청
좋은줄을 누가몰라

도지개 지내간후
쪼각달이 걸리며는

나는야

부엉부엉울어야만 풀어지니 그러지

二

時調와 曺雲氏 이야기가 나오니 또 한 가지 생각나는 것이 있다. 그것은 林悌의 「寒雨歌」다.

北天이 맑다커늘 雨裝없이 길을나기

山에는 눈이오고 들에는 찬비로다

오늘은 찬비맞아시니 얼어잘가 하노라

이때까지의 國文學 書籍에 이에 對해서 言及한 冊은 없으나, 가람의 『歷代時調選』에 '이 노래는 寒雨라는 妓生에게 준 노래'라고 있고, 申暎澈氏의 『古時調新譯』이 說을 좇아서 다음과 같이 評해 있다.

"이 노래는 寒雨라는 妓生에게 준 노래니, 妓生 寒雨는 다시 다음의 노래로 대답하였다" 하고서 寒雨妓의 時調를 紹介하였다.

어이 얼어자리 무스일 얼어자리

鴛鴦枕 翡翠衾을 어디두고 얼어자리

오늘은 찬바람맞아시니 녹아잘가 하노라

이와 같이 林悌와 妓生 寒雨와의 戀愛詩라는 世評이 一定하여 있다.

한번은 曺先生과 談論中에 이야기가 이들의 時調에 미치게 되자 先生은 그 獨特한 위트로 이렇게 말하였다.

"寒雨歌를 戀愛詩로보는 것은 林悌를 죽이는 말이다. 林悌는 그의 社會的인 生命의 絶望을 表現한 것이다."
그 후 오랫동안 나는 이 말이 果然 무슨 말인지, 늘 마음에 걸리면서도 考證을 게을리하여 왔었던 터이었다.

白湖 林悌는 將軍 林晋의 아들로서, 一五四九年 全羅羅州 出生으로, 文章豪宕 , 詩에 長한 三十九年을 一期로, 一五八七年에 죽은 天才絶人한 人物이었다. 그는 一五七六年에 生員進士를 하였고, 이듬해에 大科第二名에 올랐으니 때는 宣祖 五年이었다.

李朝前半의 上層史는 李成桂政權과 合作한 文武官과 鄭夢周=金宗直系列의 大義名分派와의 鬪爭으로 始終하였다고 李明善氏는 말한바 있었다. 端宗事件은 後者의 第一次試鍊이었다. 接踵하여 發生된 燕中年間의 四次士禍로 말하면 그들의 氣를 餘地없이 꺾고 말았으니, 이로말미암아 有能한 文人들이 山林田園으로 들어 가게 되었던 것이다. 人生에 있어서 서운한 생각을 품은 사람, 또는 世上의 더러움을 느낀 사람, 더욱이 藝術家적 氣質을 가진 사람으로서는 歷史에서 또는 世間에서 보고 듣고 하는 동안에 누구보다도 敏感하게 이것을 느끼는 사람이 많았을 것이다.

그러한 사람 중의 하나가 바로 林白湖였다. 그러나 多幸히도 그가 成年되었을 때는 宣祖朝였다. 宣祖는 世祖의 體面을 꺾지 않으면서

山林派의 怨을 풀어주었다. 山林派는 勝利하한 것이다. 인젠 저 지긋지긋한 士禍도 없으리라고 누구나 생각하였던 時代였다. 天才 白湖도 그러한 가벼운 安堵을 느끼면서 一路 서울로 올라왔었다.

그러나 儒冠을 빌려 쓴政治브로커들은 더러운 政權欲에 또 한번, 인제는 다른 方式으로 판을 벌렸으니, 그것이 一五七五년 宣祖 三年의 東西分黨이었다. 그것은 조그마한 派爭이 아니었다. 林白湖가 大科에 오른 一五七七年에는 그 사움이 한창 擴大되어, 所謂선비들은 名利를 걸고 吹噓援引에 눈이 벌겋게 달지 않은 사람이 없었다.

白湖의 눈에 政局의 앞길이 환하였음은 勿論이다. 그는 萬古의 凄凉을 避하기 爲하여 一時의 寂寞을 取하였다. 그는 忽然히 官界를 떠나 名山 巡遊의 길로 들어갔고, 한 때는 俗離山 成運에게 師事까지 하였다.

北天이 맑다커늘 雨裝없이 길을나니

初章은 正히 名君의 時代라고 安心하고 北上(上京)하여 보았노라는 말이며,

山에는 눈이오고 들에는 찬비로다

中章은 바로 上下 할 것 없이 구절구절한 政爭에 餘念 없더라는 索寞하고 쓸쓸한 진눈깨비 내리는 情景이다. 이리하여 白湖는,

오늘은 찬비맞아시니 얼어잘가 하노라

하고 絶望的 人生觀을 吐露한 것이다. 그렇지 않고 서는 얼어잔다는 말은 無意味한 重複일 것이며, 初白 中章의 對句로서 成立이 안되고 말 것이다.

有名한한 著書 '花史'에 天才的 政見을 吐露한 林白湖가 法度外의 人物이 된 心情을 우리는 그의 時調 한 首로 엿보아 왔다. 忽然히 서울을 떠나 온 失意의 天才 한사람이 술집에서 차디찬 술 한 잔을 마시는 것은 그다지 객쩍은 일이 아닐 것이다. 그가 만일 卽興作으로 노래한 가락을 안주 삼았다 해도 그다지 이상스러울 것은 없을 것이다.

北天이 맑다커늘 雨裝없이 길을나기
山에는 눈이오고 들에는 찬비로다
오늘은 찬비맞아시니 얼어잘가 하노라

하고 혼자 좋아라고 장단을 맞추면서 妓生은 한 잔 술을 그득 부어 사나이 앞에 내밀었을 것이다. 눌로 더불어 天下를 論하료! 우리는 쓸쓸한 겉웃음으로 그것을 받아, 苦笑와 함께 말없이 들이켰던 林湖를 想像하여도 좋을 것이다.

그리고 그 쓸쓸한 웃음의 秘密을 四百年이 지난 오늘날 캐서 보기로 또한 그다지 愉快하기만 하지 않을 줄을 讀者여, 想像하여 다오!

三

名歌 李鼎輔의 노래에 이런 것이 있다.

江湖에 노는고기 즐긴다 부러마라
漁父돌아간후 엿느니 白鷺로다
終日을 뜨락잠기락 한가할때 없드라

앞엣것들은 몰라도 이 노래만은 文學史에 올라야 마땅할 位相을 갖춘 것임에도 不拘하고 아무도 言及한 일이 없다. 申暎澈氏의 『古時調新譯』에 이 노래는 나와 있으나, 다른 評은 없고 다음과 같은 新譯만 붙어 있을 뿐이다. "강과 못에 노는 물고기를 즐겁게 산다고 부러워 말라. 어부가 집으로 돌아간 다음이면 흰 해오라기가 엿본다. 하루 종일을 물에서 뜨락 잠기락하여 한가할때가 없더라."
그러나 文學이 社會意識과 現實認識의 再現이라는 것을 이 노래는 歷歷히 말하고 있는 것이다. 이 노래는 人間 世上 어느 모나를 勿論하고 簡潔한 三章 形式으로 나타내 버렸다.

李鼎輔는 英祖時代에 벼슬아치로 지냈다. 英祖初, 所謂 蕩平論을 反對하여 四黨이 아니라 九黨派爭을 助長시키는 일이라고 上疏하였다가 罷免되어, 一時 還鄕한 일이 있었으나, 다시 불러 와서, 禮曹, 吏曹, 나중에는 大提學을 지내고, 늙어서야 悠悠한 致仕生活을 지낸 사람이다. 그는 이것 저것 쉴새없이 벼슬을 맡아서 各方面으로 活躍

하였다. 아마 이 노래는 不斷히 일만 하는 自己의의 身上을 읊었는지도 모른다. 卽 벼슬했다고 세상사람들은 부러워하지마는 오너라 가거라 쉴새가 없드구나! 하는 말일지도 모른다. 그러나 그것만 말하지만 않았다.

조금 幸福하다고 생각할 때는 벌써 다른 問題가 우리 人生을襲擊한다. 그 새로 닥쳐온 問題를 解決하면 또 다른 일이 일어난다. 이것이 人生 航路다.

一年 여두달 앨써 농사를 지어 놓으면 還子 배자 다 받아 가 버린다. 그놈이 끝나면 軍布 바치라고 한다. 그놈이 끝나면 賦役을 나오라 한다. 그놈이 끝나면 뼈가 빠지게 또 여름지이를 하여야 한다. 監事가 搾取하고, 院님이 搾取하고 衙前놈이 搾取하고 地主가 搾取하고 平生 쉴새 없이 搾取만 받는다.

帝國主義 社會에 있어서도 마찬가지다. 조금 살가 싶으면 稅金바치라, 戰爭이다 獻金내라. 寄附金이다. 무슨 參拜다. 무슨 大會다. 나오라, 出頭해라. 이것이다. 모든 角度로 이 노래는 再現이 뛰어난 노래다.

작가 李鼎輔에 對하여 趙潤濟氏는 "그 主될 作品的 傾向은 吟風弄月적 閑情歌"고 評하였다. 申暎澈氏도 그렇게 評했다. 그러나 또,

> 狂風에 떨린梨花 오며가며 날리다가
> 柯持에 못오르고 거미줄에 걸리거다
> 저거미 落花ㅡㄴ줄모르고 나비잡듯 하련다.

이 밖에도 「一生을 사자하니 물컷겨워못견딜새」 等 의 사설時調 等 이런 노래를 보면 필경 李鼎輔도 人生에 있어서의 서운한 그 무엇을 맛 보았고 그것을 切實히 느낀 사람이었다.

이명선 『國文解釋法硏究』(新書評)

『경향신문』, 1949.4.25

學生에게뿐만아니라 先生님들에게 또 一半文學人들에게도 좋은 參考가되는 책이 나왔다.

市井에 許多한 材料와 學說을 이리뜯어 저리 붙어서 謀利하는 種類—또는 舊學說을 新裝한채로 나는 種類와는 다르다.

아마 第二編「解釋의 實際」 나오는 文章에서만도 이름만 듣다가 처음보는 글월들이 많을 것이다. 第一編「解釋의 入門」에는 國文에 대한 知識과 態度를 要領있게 提示하였고 第三編「解釋의 整理」는 어느 辭典에서도 얻을 수 없는 國語古語 分析, 構成, 解釋, 使用의 知識을 要領있게 가르쳐 준다.

그러나 이 冊 의 가장 큰 特長은 特殊說에 固定되어 있지않고 새 길을 打開한 點이다. 이 冊이 '正堂'한 '勞作'임을 말한 것이다. 古語엔 누구 近代文엔 누구로 局限된 속에서 模糊하게 融通하고 있는 現狀인데 여기서는 明哲한 解明으로 많은 進步를 보여준다. 또 國文學典籍들의 解題만으로도 이 冊의 價値는 있다 할 것이다.

「엥겔스」의 傾向文學論 ㅡ「민나 · 카우키」에의편지

『예술문화』 4집, 1946.7.(번역)

사랑하는'민나 · 카우키'님

(허물없음을 용서하소서. 나같은 사람으로서 고리게를 내기는 어울리지 않습니다.) 그래 무엇보다도 먼저 나를 잊지 않으엇음을 진심으로 감사드립니다. 이곳에서 그대와 만난 동안이 너무 짧았음을 매우 안타깝게 생각합니다. 단언합니다만 그대와 같이 어디까지든지 보통 부인으로서 행동하시는 독일 여류작가(女流作家)와 가까워젓음을 나는 어쩐지 반거워 했던 것이외다. 왜냐면 나는 하는수 없이 가지게 뽐내는 '교양있는'매들린 부인들 밖에 몰랐기에요 그 패로 말하면 인젠 결코 부엌에 들려고 생각조차 않고 있지요. ㅡ결국 수프 주걱을 들기보다 펜을 드는 편이 서투름이 적을 것이라는 까닭이지요.

그래 나는 그대도 서투른 일이 생기기 전에 해협(英佛海峽)을 건너오시면 좋겠다고 생각하외다. 그래가지고 함께 런던 거리나 교외를 산보하면서 너무 꼽꼽스런 이야기는 그만두로 가지가지 이야기를 하고 싶습니다. 아마 그대는 런던이 맘에 들지 않으셧으리라고 생각합니다. ㅡ 나도 처음엔 그랫지요 이흐리터분한 하늘 거의 모두가 흐린 얼굴을 하고 있는 사람서리! 사회 생활에 있어서의 고립성과 계급적 분렬 꽉꽉 닫아박혀 사는 생활(이것은 날씨관계로 하는수 없지요) ㅡ 이런것에 익기는 여간 쉽진 않습니다. 처음에는 대륙(歐洲大陸)에서 가지고 온 제 생활력을 얼마간 눌러가서 향락의 바로메터를 조금 이를테면 七六0미리미터로부터 七五0미리메터에쯤으로 내려야만 합니다. 그래가지고 차츰 모든 일에 익어가야합니다. 조금씩 환경에 익어감에 따라서 좋은 모습이 점점 보이게 되리다. 대게 이고장 사람은 다른데 사람보다도 솔직하고 다부지다는 것이 런던처럼 과학적인 일을 하기에 알맞은 대처가 다시없다는 것, 여기서는 경찰의 간섭이 없기 때문에 여러 가지 편의가 있다는 것, 이런 것을 알게 됩니다.

나는 파리를 알고 있고 그리워도 합니다. 그러나 어느편을 추리느냐 하면 오래 살 고장으로서는 역시 런던을 추리오리다. 파리생활을 충분히 하락하려면 먼저 자기가 파리장(巴里人)이 되어야 합니다. 그리하여 파리의 전통을 상상이 받아드려 무엇보다도 먼저 파리다운 일거리에 재미를 붙이고 파리야말로 지구의 배꼽이요 전 세계의 '알파'이며 '오메가'라고 믿어버리는 버릇을 만듦이 필요합니다. '런던'은 '파리'처럼 아름답지는 못합니다. 그러나 그대신 훨신 굉장합니다. '런던'이야말로 세계 상업의 참 중심지요 더구나 '파리'보다 훨신 온갖 것이 있습니다. 런던에서는 주위의 세계에서 참으로 홀로 떨어져 있을수 잇습니다. 이것은 과학적 일이나 예술적인 일 같은 것까지도 골몰하려며는 꼭 필요한 일이외다. 모두들 '파리'나 '윈나'를 그리워 하지만 '베를린'은 실허합니다. '런던'을 대하려는 제 삼자적 쌀쌀한 중립적인 감정이라고 할만한×××××××××역시 무슨 값이 있겠지요.

이왕 말이니까 '베를린'의 이야기도. 나는 이 불행한 광마루가 기어코 세계적 대처가 되고말았음을 반가워 하외다. '라히르 와르하

겐'이 벌써 七十년 전에 이런 말을 하였드랬지요 —'베를린'에선 엉뚱이 잔뚱이 모두가 거지 같다. 도시라는 것이 얼마나 가난한 것인가를 세계에 보이는 것 같다. 모든 교양있는 '베를린'사람을 독살하여 버리고 거기다가 어떤 기적으로 말미암아서 적당한 꼴을 만들어내서 '베를린'전체를 정수리부터 발틈까지 폭싹 고쳐 만들어버리과적— 그러면 아마도 '베를린'에 마땅한 것이 생기겠지요. 그러나 이 변증법(辨證法)이 어떤 방향으로 발전해 갈지 그런 일이 과연 될수 있을지 없을지 그것을 다짐할 수 없습니다.

'낡은 것과 새로움'은 매우 감사하외다. 바로읽었나이다. 바위소금구덩이(岩墟坑)의 노동자들의 생활은 '슈테판'에 있어서의 농민의 생활과 같이 매우 잘그려젔습니다. '윈나'의 사교계(社交界)의 장면도 역시 썩 잘 그려졌습니다. '윈나'는 독일에서 사교계가 있는 오직 하나인 도회올시다. '베를린'에는 두어 '유명한 써클 (몰이)'과 수하난 '써클'이 있을 뿐이외다. 그러므로 '베를린'에는 저술가 관리 배우의 생활을 그린 소설밖에 생길 건지가 없습니다. 그대의 소설에는 이대목의 여러사건의 '모티브'는 가다가 조금 성급히 벌어지진 않았을까요? — 이것은 나보다도 그대가 더 잘 아시겠지요. 우리 동포에게 그런 인상을 준 모든 것이 남쪽 구라파(歐羅巴)다운 요소와 동쪽 구라파다운 요소와를 어우른 독특한 국제적 성질을 피운 '윈나'에서는 참으로 자연스런 일이외다. 어느쪽 세계의 인물일지라도 그대의 그 분명한 개인화(個人化)의 솜씨로써 그려져 있습니다. 낱낱의 인물을 저마다 한가지 룰(타이프)이며 또한 전혀 독특한 개성이니라 — 고

늙은 '헤겔'이 말한 그대로입니다. 입장에서 볼 것 같으면 나는 역시 얼마간 아니 침즉한(否定的)점을 발견 않을수 없소이다. 그 보기로서 내 머리에 또 오르는 것은 '아놀드'올시다.

참으로 그는 너무나 완전 무결하외다. 혹시 그들이 맨 끝장에 산에서 떨어져서 죽는다면 그것을 시적(詩的)인 정의와 조화하도록 함을 아마 그가 이세상 사람으로서는 너무나 훌륭한 사람이었다는 것 그것만으로도 넉넉하였으리다. 그러나 어떻든 지은이(作者)가 스스로 그리고 잇던 주인공에게 반해버림을 언제보아도 보기 실습니다. 이번 소설에서는 그래도 부분적으로는 그런 결점에 다진 듯이 생각됩니다. '에무자'역시 얼마쯤 이상적으로 되었지마는 그래도 아직 개성을 갖추었습니다. '아놀드'로 말할 것 같으면 벌써 개성이 원칙(原則)속에 아주 녹아 슬어져 버렸습니다.

이 결정의 밑뿌리는 소설 그것 속에 있는 듯 하외다. 실상인즉 그대는 당신의 신념을 떳떳이 나타내어 그것을 온 세계에 증명하려는 욕망을 가지고 있으십니다. 그리고 또 그것을 실행하였습니다. — 그만큼 그대는 앞섰습니다. 그대는 벌서 그런 형식으로는 또 한번 되풀이 할 필요가 전혀 없습니다. 나는 결코 본래의 경향적(傾向的) 시가(詩歌)를 반대하진 않습니다.

비극의 아버지 '에스키로스'도 히극의 아버지 '아리스트파네스'로 다 같이 경향적 시인이었으며 단테 '세르반떼스'도 마찬가지입니다. 또 '씨르테르'의 꾀함과 고임(戀)의 본 값은 그것이 독일에 있어서 처음 가는 정치적 경향적 희곡이었다는 점에 있습니다. 매우 띄어난 소설을 쓰고 있는 현대 '라시여(露西亞)'나 '노르웨'의 작가들은 거의 경향적입니다. 그러나 내 생각으로는 경향성은 그에 대한 특별한 관심을 가지고서 경우와 사건으로부터 저절로 생기는 것은 아니외다. 그리고 작가는 제가 그리고 있는 사회적 모순의 장차의 역사적 해결을 읽는 이에게 억지로 떠바처서는 안됩니다. 또 오늘날 같은 조건아래에 있어서는 소설을 주로 '뿌르좌'층의 독자(읽는이) 곧 우리들께 직접 상관이 없는 층에게 향하여 있습니다. 그런고로 나의 보는 바로는 현실의 서로서로 사이의 관계를 정직하게 적어내서 그 속에 담은 일부터스러온 '인류손(幻想)'을 무찔러 버리고 '뿌르좌'세계의 낙관주의를 흔들리게 하고 지금의 질서의 영원한 지배에다가 의혹을 풀게함만으로써 사회주의적 경향적 문학은 충분히 그 사명을 다하는것이외다. —지은이가 그 경우에 아무런 특정한 해결을 지어내지 않더라도 또는 때로는 어느편에 선다는 것 까지도 똑똑히 앉더라도 그렇습니다. 그대는 '오스트리'의 농민에 대한 바와 마찬가지로 '윈나'의 사교계에 대하여도 아주 잘 알고 있습니다. 그리고 거기에서 가지가지 장면을 놀다 우리만큼 삼빡하게 그릴 재료를 얼마든지 찾아왔습니다. '슈테판'에 있어서는 그대른 주인공들에게 아주 '테리게트'한 '아이러니'를 가지고서 마지할 수가 있다함을 실제로 증명하였습니다. —이 일은 작가가 제 창작(創作)을 이끌고 다스릴 힘이 있음을 증명함이외다.

그러면 그만 그대를 너무 싫증나게 않도록 얼른 끝을 맺읍시다. 저희들은 만사가 여전합니다. 카르(카우키)는 아내하고 '에벨링'의

야학에서 생리학을 연구하고 있습니다. 늘 열씸히 공부하고 있습니다. 나도 에 골몰하고 있습니다. '러센'과 '풀스'내외는 오늘밤 요즘 좋다고 하는 연극 구경 갔습니다. 이리하여 낡은 구라파는 다시 움직이려 합니다. ㅡ 그렇습니다. 벌써 움직여도 좋을 무렵이외다. 나의 쏙 한가지 바램은 그날까지 내게 「자본론」 세째매(第三卷)를 완성하게 해주면 할 뿐이외다. 그런다면 퍽 반갑겠습니다마는ㅡ.

진심으로의 우정과 진실한 존경을 드리며

그대의 엥겔스

조남령 작품 연보

장르	제목	발표지	발표일	기타
시조	窓 — 어느 스승님께	『문장』 1권 6호	1939.07.	
시조	金山寺	『문장』 1권 6호	1939.07.	
시조	鄕愁	『문장』 1권 11호	1939.12.	
시조	새봄	『조선일보』	1940.01.05	
시조	봄 — 追憶片片	『문장』 2권 5호	1940.05.	
시조	하루사리	『동아일보』	1940.07.16	
시조	蘆湖 — 箱根紀行	『문장』 2권 8호	1940.10.	
시조	駒岳 — 箱根紀行	『문장』 2권 8호	1940.10.	
시조	바람처럼	『춘추』 2권 11호	1941.11.	
시조	石窟庵 — 토함산 고개	『춘추』 4권 9호	1943.10.	
시조	石窟庵 — 大佛	『춘추』 4권 9호	1943.10.	
동요	정다웁지요	『매일신보』	1944.02.21	
시조	떠나든 임	『정주연학회보』 1권 2호	1945.12.15	
시조	겨울달	『정주연학회보』 1권 2호	1945.12.15	
시	北岳山 산ㅅ바람 불어내린 날	『學兵』 2호	1946.02.	
시조	英陵	『한글』 11권 5호	1946.11.	
시	對答없는 서울	『우리문학』 3호	1947.03	
시	電線대	『문화창조』 2호	1947.03.	
시	나의 눈물 나의 자랑	『문학』 3호	1947.04.	
시	트루맨大統領에게	『신조선』 5호	1947.06.	
시	어서오라人民의벗이여!	『문화일보』	1947.06.24	
시	내가 자랑하려는 것은	『신천지』 2권 6호	1947.07.	
시조	경주 — 서라벌길 목월(木月)에게	『한글』 13권 4호	1949.04.	
시조	불국사의 밤	『한글』 13권 4호	1949.04.	

장르	제목	발표지	발표일	기타
시조	길에서	『한글』 13권 4호	1949.04.	
시조	삼체석불(三體石佛)	『한글』 13권 4호	1949.04.	
시조	안압지(雁鴨池)	『한글』 13권 4호	1949.04.	
시조	황룡사지(皇龍寺址)에 서서	『한글』 13권 4호	1949.04.	
시조	南行	『조선문학선집』 10	1949.	
시조	村風景	『조선문학선집』 10	1949.	
시조	골목	『조선문학선집』 10	1949.	
시	나는 비나이다	『고향의 시인들과 시인들의 고향』	1995.	
시조	종달새	『현대시조삼인집』	이병기소장	
시조	高原	『현대시조삼인집』	이병기소장	
시조	풀버레	『현대시조삼인집』	이병기소장	
시조	고향 하늘	『현대시조삼인집』	이병기소장	
시조	살구꽃	『현대시조삼인집』	이병기소장	
시조	제비	『현대시조삼인집』	이병기소장	개작
시조	하루살이	『현대시조삼인집』	이병기소장	개작
시조	一夜	『현대시조삼인집』	이병기소장	개작
시조	가믈(旱魃)	『현대시조삼인집』	이병기소장	개작
시조	외할머니	『현대시조삼인집』	이병기소장	
시조	落葉	『현대시조삼인집』	이병기소장	
시조	어머니	『현대시조삼인집』	이병기소장	
시조	佛國寺의 밤	『현대시조삼인집』	이병기소장	개작
시조	皇龍寺趾에 서서	『현대시조삼인집』	이병기소장	개작
시조	吐含山 고개	『현대시조삼인집』	이병기소장	개작

장르	제목	발표지	발표일	기타
소설	익어가는 가을	『동아일보』	1939.03.19 ~04.03	연재
수필	되려意外「익어가는가을」의 작자로서 당선소감	『동아일보』	1938.11.03.	
평론	내가 본 時調型	『문장』 2권 6호	1940.07.	
평론	現代時調論	『문장』 2권 9호~10호	1940.10.~11.	연재
수필	眞理와 拷問	『현대일보』	1946.08.24	
수필	爭運泥土	『신천지』 4권 1호	1949.01.	
수필	鸚鵡之人言	『주간 서울』 23호	1949.01.24	
평론	詩話三題	『학풍』 통권 4호	1949.03.	
평론	이명선『國文解釋法研究』(新書評)	『경향신문』	1949.04.25	
번역	「엥겔스」의 傾向文學論 —「민나・카우키」에의편지	『예술문화』 4집	1946.07.	

조남령 생애 연보

1920년 12월 2일	부 조융현(曺隆鉉)과 모 김영묵(金英默)의 6남매 중 셋째로, 전남 영광군 영광읍 도동리 281번지에서 출생
1933년	영광보통학교 졸업
1933년 4월	목포공립상업교 입학
1938년	목포상업전수학교 졸업
1939년	전북 김제군 전매서 근무
1939년 7월 5일	백철 추천『동아일보』제1회 신인문학콩쿠르 소설「익어가는 가을」당선됨
1939년 7월	『문장』에 시조「창」,「금산사」가 추천되었음(추천자 가람 이병기)
1940년 1월 1일	『조선일보』신춘문예 시조「봄」1등 당선되었음
1940년	일본으로 유학, 정종의 추천으로 삼립서방(三立書房)근무하면서 일본 법정대학(法政大學) 고사부(高師部) 영문과 입학하여 주경야독함
1940년 5월	『문장』에 시조「봄」이 추천으로 3회 추천을 완료하였음(추천자 가람 이병기)
1942년	일본 법정대학(法政大學) 고사부(高師部) 영문과 졸업 후 일문학과 편입함
1943년	학도병으로 고사포부대 행정요원으로 징집당함

1945년 8월 15일	이후 해방으로 일본에서 귀국함
1945년 12월 1일	박목월이 영광에 와서 조운, 조의현, 정종 등과 자정을 넘기면서 예술론 등으로 이야기꽃을 피움
1946년 2월 7일	조운과 함께 가람 이병기를 방문함
1946년 3월 11일	전조선문필가대회 추천회원, 조선문학가동맹에 가입함
1946년 7월	영광 민립여자중학교에서 교사로 근무함
1946년 12월 17일	가람 이병기를 방문함
1946년 12월 31일	가람 이병기를 방문하여 함께 책을 정리한 후 매화옥(梅花屋)간판을 닮
1947년	서울 동성중학교 국어교사 근무함
1947년 5월 7일	박문서관에서 가람 이병기의 시조집 지형을 찾아서 가람 이병기를 방문, 가람 이병기의 『한중록』과 意幽當 『關北遊覽記』 출판을 함께 의논함
1947년 6월 21일	가람 이병기를 방문하여 『의유당일기』를 교정하고 주석을 달았음
1947년 9월 3일	구왕궁 사무청 앞에서 가람 이병기를 만나 인정전, 선정전, 대조전, 영화당, 주합루, 희우정, 연강당, 옥류천, 태극천을 둘러보고 함께 점심식사를 함
1947년 12월 23일	조운과 함께 가람 이병기를 방문하고 밤늦게 전등이 꺼진 후에 나옴
1948년 1월 7일	조운과 가람 이병기를 찾아가서 『삼인시조집』을 의논함
1949년 2월 11일	가람 이병기 댁에 가서 『가루지기타령』 삼교(三校)를 봄
1950년 6월 27일	가람 이병기를 방문함, 이후 행방불명됨

『조남령 문학 전집』 해설

조남령 시의 역사적 대응 양상 연구*

생애와 작품의 상관성을 중심으로

이동순

1. 서론

삶의 반영이 문학이라면 한 작가의 삶은 문학으로 구현될 가능성이 높다. 특히 일제강점기를 거쳐 해방기, 그리고 한국전쟁을 온몸으로 겪은 작가일 경우 삶이 작품일 가능성은 더 높아진다. 역사 안에서 한 개인은 나약하기도 하지만 반대로 신념을 강화하여 과감하게 투신하기도 한다. 친일 작가들이 일제를 찬양하고 고무하는데 주저함이 없었던 것도, 해방기의 작가들이 사상성과 정치성을 전면화

* 이 글은 『인문학연구』 18집 3호에 발표한 논문으로 『조남령 문학 전집』 해설을 대신한다.

하였던 것도 신념에 투신한 결과다. 한국전쟁기에도 마찬가지였다. 사상과 이념의 갈림길에서 북쪽으로 향했던 작가들은 북한체제를 찬양고무하는 사상성을 적극적으로 반영한 작품을 생산해내야 했고, 남쪽으로 내려온 작가들도 사상과 표현의 자유의 억압 속에서 작품을 써야했다. 이처럼 작가들은 역사로부터 자유로울 수 없는 존재들이며, 역사의 희생자가 되어 사라지기도 하였다.

시인 조남령 또한 역사로부터 자유롭지 못한 작가였다. 이미 알려진 것처럼 조남령(본명 : 조영은(曺泳恩), 1920.12.2~?)은 전남 영광군 영광읍 도동리 281번지에서 6남매 중 3남으로 태어났다. 1933년 영광보통학교 거쳐, 1938년 목포상업전수학교 졸업하였으며, 1939년 일본 동경으로 유학을 떠나 법정대학 영문과를 거쳐 일문과를 졸업하였다. 그러나 1944년 학병으로 징집되어 해방된 후에야 귀국할 수 있고, 조선학병동맹과 조선문학가동맹에 참여하였다. 그리고 1947년 서울 동성중 교사로 재직 중 1949년 한글학자 이극로의 초청으로 한글 사전 편찬을 위해 월북하려다 체포되어 서울 서대문형무소 수감, 한국전쟁이 발발하여 출감하였다. 한국전쟁기에 희생되었을 것으로 추정되는 그를 두고 정부는 1988년 월북한 작가에 대한 해금조치를 단행하였다.

역사는 개인에게 무엇이며, 역사 앞에서 작가는 또 어떤 존재인가에 대한 해명은 작품을 통해서도 확인된다. 조남령이 많은 작품을 쓴 시인이 아님에도 불구하고 현대시조를 논할 때 빠짐없이 거명된다. 그가 시문학사에서 중요한 지점에 있다는 내포하는 것이다. 그러나 그의 문학적 성과는 시조에만 국한하여 논의되어 온 것은 문제적이다. 따라서 본고에서는 시인 조남령의 삶과 한국현대사, 작품의 관계에 대한 해명을 시도해 보고자 한다. 특히 새로 발굴된 조남령의 작품들을 중심으로 논의를 전개하여 그동안의 연구를 보완하고자 한다. 이는 그동안 논의되지 않았던 해방기의 문학적 행로와 작품의 상관성을 밝히는 일이라는 점에서 시사점을 제공할 수 있을 것이다.

2. 일제 강점기의 현대 시조

조남령이 문단에 처음 이름을 알린 것은 전북 김제 전매서에 근무할 때인 1938년 11월 백철이 소설 「익어가는 가을」로 『동아일보』 제1회 신인문학 콩쿠르에 추천하면서부터다. 「익어가는 가을」은 1939년 3월에 10회에 걸쳐 『동아일보』에 연재되었다. 청춘 남녀의 사랑이 주된 서사로 가난한 사람들의 생활상과 심리묘사가 섬세하게 잘 나타나 있는 작품이다. 그는 당선소감을 통해 "벼르고 벼르던 문단구경의 기회를 얻"은 것에 기쁨을 표하면서도 "이러케 힘없는 우리文化에도움도 적을 가치도 작을작품을 드리게된다"고 겸손해 하면서도 "特히 신인문단의 건강상태를 의심하지 안흘 수없어 자못불만을 느꼈습니다. 여기에 잇어서 여러분과 더부러 저의 의무는 신량한 양해 조화 성실한인간행동"[1]이라는 주장을 펴서 신인답지 않은 목소리를 냈다. 소설을 계속

발표할 것이라는 문단의 기대와 달리 그는 가람 이병기의 극찬을 받으면서 시조로 추천을 받아 문단을 놀라게 하였다.

조남령은 시조 「창」과 「금산사」[2]를 『문장』지에 추천받고 부터는 시조에만 전념하였다. 당시 그는 일본 동경에 있는 법정대학 고등사범부에서 영문학을 전공하면서 주경야독 중이었다. 「향수」,[3] 「봄—추억편편」[4]으로 추천 완료한 그는 『문장』지에 3회 추천을 완료한 유일한 시조시인으로 문단의 기대를 받으며 문명을 떨치게 되었다. 가람 이병기는 조남령을 "진실한 시인"이라고 극찬하였다. 또한 "나는 이런 시인에게 원대한 기대와 희망을 하고 있다. 더욱 정진하고 대성하라"는 기대를 표명하며 "기성작가라 할 만한 이가 영성한 이때 이런 신인들이 활약함을 과연 즐겁다"[5]고 남다른 애정을 드러냈다. 그래서 가람 이병기가 추천한 첫 시조는 여러 가지로 의미 있는 작품이다.

> 내 살이 아니라고 어이 아니 아프겠소
> 내 몸이 아니라고 어이 아니 치웁겠소
> 덜덜덜 창 떨때마다 마음저려 하외다

---

1 『동아일보』, 19398.11.3.
2 『문장』 1권 6호, 1939.7.
3 『문장』 1권 11호, 1939.12.
4 『문장』 2권 5호, 1940.5.
5 가람, 「신인 조남령군」, 『문장』 2권 6호, 1940.7.

눈보라 덧치던 눈 얼마나 억찼을가
창 앞에 메웠던 덕대 부러졌단 말가
그래도 저 넝쿨에야 새 움 자라나겠지.

물무 뒷산에는 진달래 폈답니다.
구름다리 시냇가엔 살구꽃 피겠지요
그 꽃잎 나의 발인 양 살창 속에 너리까.

―「창―어느 스승님께」 전문

조남령의 삶과 밀착된 작품인 시조 「창―어느 스승님께」이다. 이 시조가 조남령의 첫 작품이라는 점에서 '어느 스승님'과 조남령의 관계를 추정해 볼 수 있다. 첫수에 드러나 있듯이 '내 살'이 아프고, '내 몸'이 춥고, '창 떨때마다' 마음이 저리는 존재가 '어느 스승님'이다. 그렇기 때문에 '꽃잎 나의 발인 양 살창 속에' 넣어 주고 싶다. 누구인지 명시적으로 드러나 있지 않지만 시적 화자의 발화에 '어느 스승님'이 누구를 가리키는 지 알 수 있는 단서가 바로 '물무 뒷산'과 '구름다리'다. 조운의 집 뒷산이 '물무산'이고, 집 앞의 다리가 '구름다리'다. 그러므로 '어느 스승님'은 시인 조운이며, '스승님'이라 높이 칭하는 것으로 미루어 조남령이 존경하고 있는 인물이 시인 조운이라는 것을 알 수 있다. 일제는 1937년 영광체육단 사건으로 조운을 비롯한 300여 명을 사상범으로 체포하여 구금하였다. 이때 조운은 주동자로 투옥되어 1년 9개월의 형을 살았다. 조남령은 감옥 안의 조운을 염려하고 걱정하고 있었고, 그것을 작품으로 형상화하였던 것이다.

시인 조운은 조남령보다 스무 살이나 많을 뿐만 아니라 영광중학원 국어교사를 거쳐, 영광 민족운동의 앞자리에 있었다. 그리고 시조시인으로 문명을 떨치고 있었으므로 존경의 대상이 되는 것은 당연한 것이다. 공교롭게도 조운과 조남령은 같은 동네에 살았다.[6] 당시 영광은 일찍 개화하여 근대 민족교육과 민족운동이 활발한 고장이었다. 조운을 필두로, 조남령, 조의현, 조희관, 정태병 등 많은 문학인이 탄생한 것도 이 즈음이다. 이때 영광의 작가들 대부분은 시조시인들[7]이었다. 특히 조운이 선두에서 활발하게 시조를 창작하고 있었기 때문에 시조의 장르적 특성을 이해하고 있었을 것이다. 또한 '추인회' '한글회' 등 수 많은 단체들이 조직적으로 연대활동하면서 선구적인 문화운동이 전개된 것이 그의 문학적 토양이 되었을 것이다.

조남령의 작품을 추천한 가람 이병기와 조운은 1919년부터 교류하기 시작하여 불갑사와 해불암 등을 함께 순례하고 시조를 발표하는 등 깊은 관계를 유지하고 있었다. 그런데 조남령이 조운을 염려하는 내용의 시조 「창」으로 가람 이병기의 추천을 받았고, 가람 이병기의 기대를 한 몸에 받았다는 사실은 시사한 바가 적지 않다. 이때만 하더라도 역사적 혼란기를 거치면서 가람 이병기와 조운, 조남

6 조운은 전남 영광군 영광읍 도동리 136번지고, 조남령은 전남 영광군 영광읍 도동리 281번지다. 뿐만 아니라 이 둘은 영광보통학교를 거쳐 목포상업학교를 졸업한 것도 같다.
7 조운, 정태연, 조의현, 조희관 등은 시조를 썼고, 정태병만 동화를 썼다.

령은 운명적인 관계로 발전하게 될 것이라고 아무도 예견하지 못했다. 사실 그동안 연구는 『문장』지 추천만을 거론하여 조남령의 전기와 작품 연구가 진행되었다. 그러다 보니 조남령이 『문장』지 추천을 완료하기 이전에 이미 『조선일보』 신춘문예에 「새봄」이 1등으로 당선되었다는 사실을 밝혀낸 연구는 없었다.[8] 조남령의 작품 연구에서 간과해서는 안 되고 간과할 수도 없는 작품인 시조 「새봄」은 이번에 발굴한 시조이다. 원문은 다음과 같다.

날새자 눈이 개자 두부장사 종소리에
"두부!" 부르시며 어머니 나가신다
화로에 숫불은 일고 아침소튼 재젓다

빨래 방망이로 어름살 깨트리고
김장에 메주에 껌은 옷 시츠시는
어머니 머릿수건에 햇볏 새로비친다

쑥떡 · 나물국철 기다리기 겨웁고나
들역 띄뿌리는 아직도 얼어슬까
보리밧 검은 이랑은 노글노글 녹는다

—「새봄」 전문[9]

8 문무학, 「조남령 연구」, 『우리말글』 9호, 우리말글학회, 1991; 엄동섭, 「한고전주의자의 좌파적 전향—조남령론」, 『어문연구』 28권 2호, 어문연구학회, 2000.

조남령이 1940년 1월『조선일보』신춘현상공모에 1등으로 당선된 이 작품은 겨울에서 봄이 오는 길목의 풍경을 잘 묘사한 작품이다. 첫수에는 눈이 갠 아침 두부 장사의 종소리를 듣고 부리나케 '두부'를 사러 나가는 '어머니'의 모습을 생동감 있게 형상화하였고, 두 번째 수에도 겨우내 '김장'담고, '메주' 쑤느라 더러워진 옷을 빨기 위해 '어름살'을 깨는 어머니의 모습이 생명력 있게 묘사되었다. 셋째 수에서는 '쑥떡 · 나물국'을 먹을 수 있는 봄을 기다리는 마음과 언 보리밭이 '노글노글' 녹은 모습이 섬세하게 묘사되어 있다. 봄을 기다리는 화자의 심리를 종소리로, 햇볕으로, 보리밧이 녹는 모습으로 생동하는 봄을 이미지화였다. 뿐만 아니라 '봄'을 주제로 세 개의 소주제를 각각의 한 수로 구성하고 배열하여 연시조의 형태를 유지하면서 그것으로 초중종장의 형식을 구현하였다.

시조「새봄」에 이어서 발표한「봄—추억편편」은 '기일'에는 동네 머슴들이 나무하러 가는 모습과 돌아오는 모습이 구체적으로 묘사되어 있고, '기이'에는 진달래꽃 꺾던 머슴이 뼈가 굵은 어른이 된 모습, '기삼'에는 동백꽃 핀 어떤 집의 풍경이 묘사되어 있는데 고향의 모습을 담고 있다. 형식적으로도 구조적인 안정감을 유지하면서 시상을 전개하고 있다. 고향의 '추억'들이 눈앞에서 일어나고 있는 것처럼 선명한 이미지로 형상화 된 것은 아무래도 일본 동경에서 유학중에 쓴 작품들이기 때문에 고향에 대한 그리움이 컸을 것임은 자

9 『조선일보』, 1940.1.5.

명하다. 이처럼 조남령은 역사적 조건에 의해 타지에 머무른 시간이 많았다. 그가 많은 작품을 발표하지 못했던 이유가 여기에 있다. 앞에서 언급했던 『문장』지에 추천된 작품 4편과, 조선일보에 당선된 1편, 그리고 후에 『문장』에 발표한 「노호」와 「구악」[10] 『춘추』에 발표한 「바람처럼」,[11] 「석굴암 — 토함산고개」와 「석굴암 — 대불」[12]이 일제 강점기에 발표한 작품의 전부로 단 10편에 불과하다. 그러면서도 시조에 대한 이해를 깊이하고 시조연구에 심혈을 기울였다. 그것이 「내가 본 시조형」[13]과 「현대시조론」[14]으로 집약되었다. 시조로 등단하여 시조론을 발표하기까지는 「내가 본 시조형」은 추천을 완료한 후 2개월, 「현대시조론」은 추천 완료하고 5개월에 불과하다. 그는 "단점보다 사소한 장점을 들어 칭찬만 하시는 가람 선생님 찜으로 달게 자란 몸"[15]이라고 인정하며 시조창작뿐만 아니라 시조 연구에도 매진하였던 것이다.

그 결과 "국민적 감정 율동이 낭글낭글 익었을 때 뜻하지 않고 읊은 것이 時調"이며 시조의 형식은 "뛰여나오는 초장, 겨나가는 중장, 억제하려고 애쓰는 종장"은 "길게나 짧게나 하자도 할 수 없는 이 필연에서 생긴 삼장조"[16]이며, "팔팔 날뛰는 힘, 가냘핀 마음, 애끓은

10 『문장』 2권 8호, 1940.10.
11 『춘추』 2권 10호, 1941.10.
12 『춘추』 4권 9호, 1943.10.
13 『문장』 2권 6호, 1940.7.
14 『문장』 2권 9호, 1940.10; 『문장』 2권 10호, 1940.11.(2회 연재)
15 「현대시조론」, 『문장』 2권 6호.
16 『문장』 2권 6호, 1940.7.

가슴을 안고, 그 감정 율동이 똑같은 운수를 반복"하지 않아도 "운율의 질서는 결코 부서지질 않"는 것이 "구속된 시조가 자유를 향하여 고민한 흔적이라 하겠으며, 이 고민한 곳에 예술적 가치"가 있다고 그의 시조관을 피력하였다. 그리고 "시조인에 노산과 조운 씨가 있더니 노산은 숨고, 언제가 불운한 운조님은 역시 불운에 꺾여 아직도 그 조찰한 귀운한 시혼을 가누지 못하고 있다. 그리고 그 예술로나 시조인으로서나 으뜸가고 유일이신 가람님은 적극적으로 나서지를 않고 그 예술만 가꾸시고 있다. 이리하여 우리 문단은 현대인의 감정에 맞느냐 어쩌냐는 이상스런 문제만 그나마 심심풀이로 논의"할 뿐 "시조를 현대적으로 살리자는 노력은 꿈에도 생각하여 보지 않는"[17]다는 서슴없는 비판을 하기에 이른다.

그는 시조론을 썼음에도 불구하고 「바람처럼」 이후 시조론을 대변할 만한 작품을 발표하지는 못했다. 다만 학병으로 징집되기 전에 『춘추』에 발표한 「석굴암—토함산고개」와 「석굴암—대불」을 발표했을 뿐이다. 그는 "1944년 1월 20일 학병제도가 시행됨에 따라 전문학교 이상 5천여 명의 학도와 함께 징집"[18]대상이 되어 해방을 맞을 때까지 시조를 쓸 수 없는 처지가 되고 말았기 때문이다. 역사는 조남령의 삶을 알 수 없는 곳으로 끌고가는 바람에 조남령의 시조 창작은 사실상 여기서 끝이 나고 만다. 김제 전매서에 재직할 때부터 시작한 시조쓰기는 시인이 일제 강점기라는 역사적 현실 밖에서

17 「現代時調論」, 『문장』 2권 8호, 1940.10.
18 「민족민주주의민족전선」, 『해방조선』 1, 과학사상사, 1988. 289쪽.

존재할 수 없었기에 시조문단의 기대처럼 많은 작품을 쓰지 못한 채 끝이 나고 만 것이다. 그러나 시조문단에 활력을 불러 넣은 신진시인으로 시조문단의 변화를 준 것만은 분명하다.

3. 해방기의 사상투쟁과 자유시

해방기는 이념과 사상의 대립이 심각한 양상으로 전개된 시기였다. 일제로부터의 해방은 사상과 이념에 따라 단체들이 조직되거나 결성됨에 따라 조직적으로 실천하는 양상을 띤다. 일제의 전쟁에 동원되었던 학병들도 1945년 8월 23일 "제국주의 세력을 철저히 구축하야 민족해방의 완전을 기할 것, 신조선건설의 추진적이 될 것, 신조선문화에 진력할 것, 현과도기에 잇서 치안유지에 협력하고 장차 국군창설에 노력할 것"[19]이라는 강령을 토대로 조선학병동맹을 결성하였다. 조남령도 학병이었기 때문에 조선학병동맹 참여는 당연한 것이었다. 그에게 일제로부터 해방은 죽음의 공포로부터 해방이요, 창작의 자유를 누릴 수 있는 해방이었다. 그러나 그가 꿈꾸던 해방은 분노와 배신으로 시작되었고, 정세는 사상과 이념의 행로를 선택하는 방향으로 흘러갔다. 조남령의 작품에 정치적인 구호가 전면적으로 노출된 것도 이때부터 시작되었다.

---

19 여론사편집부 편, 『조선의 장래를 결정하는 각정당 각단체 해설』, 여론사출판부, 1945.

해방기에서 한국전쟁으로 이어지는 혼란기 역사의 현장 속에서 조남령의 문학적 대응은 그가 한국전쟁 중 월북 혹은 행방불명된 단초가 될 수 있을 것인데, 특히 학병동맹사건이 그의 문학적 행로를 결정짓는 사건이 되었다.[20] 해방 후 처음으로 발표한 시 「北岳山 산ㅅ바람 불어내린 날」은 학병동맹 사건이 어떤 사건이었는지, 그리고 그것이 조남령에게 어떤 영향을 미치게 되었는지 가늠자가 될 것이다.

朝鮮人民共和國 萬歲와
弱小民族解放 萬歲를
부르짖고 쓰러진 세동무의 屍體
얼굴박고 엎드린 李동무의 屍體
병원에서 冤死한 金동무의 屍體
北岳山 산ㅅ바람 불어내린 날
屍體를 거두는 누나 네동무

朝鮮이 世界로 나아가려는 지음
民主主義 기ㅅ발 아래 싸우다가
팟쇼의 毒牙에 慘酷하게 넘어진
우리 學兵 세동무야 그대들 아느냐?

---

20 이것을 처음으로 밝힌 이는 엄동섭이다. 그의 논문 「한고전주의자의 좌파적 전향－조남령론」, 『어문연구』 28권 2호, 어문연구학회, 2000 참조.

北岳山 산ㅅ바람 불어내린 날

한없이 눈물만 흘리면서

그대들 거두어준 누나들을 아느냐?

—「北岳山 산ㅅ바람 불어내린 날」 부분[21]

학병으로 징집되어 전쟁에 동원되었던 조남령에게 해방은 압제로부터 조국의 해방뿐만 아니라 개인적인 삶을 되찾은 해방이었다. 그런데 기대와 달리 한반도 신탁통치를 둘러싸고 정치권은 찬탁과 반탁으로 첨예하게 대립하면서 정국은 알 수 없는 투쟁의 장으로 변모되어 갔다. 그가 이념투쟁의 장에 전면적으로 노출된 사건이 발생하는데 조선학병동맹사건이 그것이다. 학병동맹사건은 조남령에게 상상할 수 없는 큰 충격을 준 사건으로 1946년 1월 9일 경찰이 학병동맹본부에 출동하여 학병동맹원을 검거하는 과정에서 김명근, 박진동, 김성익이 사망[22]하면서 이념투쟁으로 번지게 된 사건이다. "朝鮮이 世界로 나아가려"고 준비하고 있는 때에 닥친 동지들의 죽음은 "부르짖고 쓰러진 세동무의 屍體 / 얼굴박고 엎드린 李동무의 屍體 / 병원에서 寃死한 金동무의 屍體"를 거둬야 하는 분노와 절제할 수 없는 감정이 격정적이고 직설적으로 노출하였다. 시조에서는 볼 수 없는 감정의 분출, 그리고 "民主主義 기ㅅ발 아래 싸우다가 / 팟쇼의 毒牙에 慘酷하게 넘어진 / 우리 學兵 세동무"의 죽음은 동료애를 넘어 곧 자기자

21 『學兵』 2, 1946.2.

22 김명근, 박진동, 김성익의 묘는 서울 망우리 공원 애국지사 묘역에 안장되어 있다.

신의 죽음으로 인식하게 함으로써 참을 수 없는 분노와 울분을 강하게 드러내 정치성을 강화하고 있다. 오로지 시조에 전념했던 작가가 완전히 다른 창작의 길로 방향을 전환하게 되는 학병동맹사건은[23] 조남령이 사상투쟁의 현장 속으로 깊이 들어갈 수밖에 없게 만들었다.

해방기의 문학장도 정치판의 양상과 다름없이 여러 조직이 결성되었고 집단적으로 움직이면서 새로운 모색을 시도하였다. 먼저 조선문학건설본부가 결성된데 이어서 조선프롤레타리아문학동맹이 결성되었고 조선문학건설본부와 조선프롤레타리아문학동맹은 문학의 인민성과 계급성을 강조하면서 문화통일전선론을 둘러싼 치열한 논쟁 끝에 조선문학가동맹으로 통합되는 과정을 거쳤다. 일제와

23 당시 학병동맹사건에 대한 관심을 대변하고 있는 『조선일보』(1946.1.29)에는 경창부장의 「소위 학병사건에 대한 경찰부 발표」 전문이 실렸고, 「기자회의 조사」 발표가 있었는데 기자회의는 "張澤相 경기도 경찰부장과 피검거자측인 學兵同盟員들과는 그 抱懷하는 정치이념이 상당히 상위하다고 보는 것이 세론인듯 하다. 그런 까닭에 자칫 잘못하면 今般 사건에 대하여 경찰이 일방에 동정을 하였다는 무근의 의문을 품기 쉬웁고 절대로 공평하고 치우침이 없는 경찰을 의아의 눈으로 보기쉬운 염려가 不無하다. 그뿐 아니라 공교롭다고 해야 좋을지 사건이 발발한 翌日인 1월 20일은 정치적 의미도 있다고 보이는 全國學兵大會가 개최될 예정이었음으로 어떠한 정당과 단체를 불문하고 위법행위는 박멸할 결심하에 전경찰력을 총동원 전시편제로 하여 법을 절대로 遵守하며 치안을 확보하기 위하여 생명을 내걸고 나선 張澤相 경찰부장의 비장한 결심과 진격한 노력이 곡해될 염려 또한 없지 않다. 만일 지금에 이 무근한 의문을 석연히 풀어두지 아니하면 본사건은 장래 정치적 사회적으로 미묘 복잡한 결과를 초래할 因由가 될 염려가 있는 동시에 공평무사한 입장에서 치안의 대임을 완수할 경찰의 장래에 또한 영향할지도 모르는 본사건의 성격에 비추어 本書에서는 객관적인 입장에서 冷然한 판단력과 과학적 방법으로 본사건의 진상을 구명하여 日夜 치안확보에 심신을 경도하는 경찰의 노고에 협력하고 아울러 건국도상에 가로막는 一抹의 암영을 불식할 사회적 책무를 통감한다. 그러므로 本會에서는 其間 각방면을 통하여 조사한 사건의 중간보고를 발표하여 일반의 의혹의 일단을 풀어 두려 한다"고 할 만큼 큰 사건이었다.

봉건 잔재의 청산, 국수주의의 배격, 진보적 문학건설, 국제문학과 제휴를 강령으로 내세운 조선문학가동맹은 문학의 대중화에 심혈을 기울인 듯 하였지만, 사실은 사상성과 정치성을 강하게 드러내면서 남조선노동당과 연대하기에 이른다. 조남령도 1946년 2월 8일 서울 기독청년회관에서 열린 전국문학자대회에 참석하면서 조선문학가동맹의 일원으로 문학적 활동을 재개하였는데 이 자리에는 가람 이병기와 조운도 참석하였다. 이 세 명의 시조시인은 문학적 스승과 제자와 동료의 관계을 유지하면서 조선문학가동맹의 사상과 이념의 방향성 안으로 들어갔다.

특히 조남령의 활동이 두드러지게 되는데 조선문학가동맹은 「문학대중화운동 결정서」를 발표하고 중앙집행위원회 부위원장에 이병기, 서기장에는 김남천이 선임되어 문학의 대중화를 위한 지부의 결성과 서클망의 확충, 문예공작자의 육성에 나서면서 조직 개편을 단행하였다. 이에 1946년 11월 23일, 문맹 서울지부 산하의 '문학대중화운동위원회'가 신설되었고, 위원장에는 김영석, 위원에는 조남령을 비롯하여 김기림, 김광균, 오장환, 이용악, 설정식, 김용호, 김철수, 김광현, 이병철, 조허림, 조벽암, 김동석, 홍효민 등을 내정하였다.[24] 그리고 「문학대중화 운동 전개에 관한 결정서」를 통해 문학대중화운동위원회의 운동 방침을 구체화한 것과 때를 같이하여 조남령이 작품을 쓰게 되면서 그의 삶과 문학은 사상성과 정치성을

24 『예술통신』, 1946.11.28.

드러내는 방향으로 구체화 된다.

벌써 꿈같아진 昨年
植民地란 간판을 박차버리던 그날
歡喜의 눈물에 號哭하던 革命鬪士들을
대문 걸고 이불 쓰던 親日派들을
서울아 너는 그것을 알겠지?
어제ㅅ일처럼 서언히 알겠지?
—눈감고 대답없는 서울 밤모습

解放이라니 謀利輩의 解放인가?
解放되었다는 서울 長安에
쌀과 自由를 달라는 市民과
다시 地下로 들어가는 民族과 벗을
서울아 너는 보고 알겠지?
모조리 모조리 보고 알겠지?
—눈물에 대답없는 서울 밤모습

—「對答없는 서울」 부분[25]

뿐만 아니라 "그래도 史實만을 뒤척이겠다면 그대를 觀念文字로

25 『우리문학』 3호, 1947.3.

만 노는 무리에게 묻노니 日帝가 强盜 侵略戰의 末明에 그 갑진 金가락지며 놋그릇이며 수저까지를 살살이 빼앗아 갈 때 그대들은 진실로 所謂 그 진저리 나는 赤誠으로 바쳤던가? 그대들의 자식들을 徵兵과 徵用으로서 보냈던가?"[26]라고 물으며, 관념적 지식인들과 친일파들을 향해 목소리를 높여 나갔다. 그리고 "無智를 爲한 權謀蒙昧를 爲한 術策에 대한 鬪爭을 통하여 人類는 發達하여 온 모양이다 참을 수 없다하고 舊然히 일어나는 正義感 이것이 인류의 向上을 지탱"[27]했는데 "權勢에 아참하여 寧目이 없는 무리여! 萬古의 '凄凉'을 어찌하려는가?"고 비판해 나간다. 뿐만 아니라 "싸디싼 美國品을 쓰라고 / 工場은 廢墟가 되고 / 埠頭에는 工作機械 대신에 / 밀가루와 낡은 캰디와 利除物資가 / 밀물처럼 밀려 옵니다 // 失業者와 妻子들은 거리마다에 / 양담배 상자를 말도 없이 / 행인 앞에 내미는 / 여기 極東의 半島 南쪽"(「트루맨大統領에게」)[28]이라며 미군정체제를 겨냥하여 비판하였다. 이런 조남령의 문학적 행적은 시대적 격변기를 통과하는 한 인간의 역사적 대응이었다. 그렇기 때문에 그가 쓴 시도 전투적이다.

> 항쟁 人民抗爭!
>
> 나의 눈물 나의 자랑 나의 英雄들이여!

---

26 「쟁운이토」, 『신천지』 4권 1호, 1949.1.
27 「진리와 고문」, 『현대일보』, 1946.8.24.
28 『신조선』 5호, 1947.6.

世界에 잘도 알리었니라
李朝 五百年 日帝 四十年
짓밟히고 짓눌린 허물이기로
더한층 짓눌려야만 하는
永遠히 짓밟혀야만 하는
그것이 朝鮮人民이 아님을

항쟁 人民抗爭!
나의 눈물 나의 자랑 나의 英雄들이여!
眞理를 잘도 알리었니라
壓制에의 대답은 屈從이 아님을
蹂躪에 대답은 抗爭 뿐임을

—「나의 눈물 나의 자랑」 부분[29]

이 시기 조남령은 역사적 현실 앞에서 '인민항쟁'을 부르짖고 있다. '인민항쟁'만이 "壓制에의 대답은 屈從"이 아니며, "蹂躪에 대답은 抗爭"으로 보고 그 항쟁의 주역들이 "나의 눈물"이요, "나의 자랑"이며, "나의 영웅들"이라고 치켜 세운다. 오장환은 이 시가 "시고 무엇의고 언어라는 의사표시를 적확히 전달하는 것이 최상급"으로 "혼란할 때 목적의식을 똑바로 표현하라 구렁이 담넘어가덧 우물우무하

29 『문학』 3호, 1947.4.

여도 누구나 다 속지를 않는다. 이것이 시의 표현에 있어서 형을 능통할랴고 하는 유상무상의 자칭순수 이전 비순수에게 전하는 말"이며, "이 작품을 읽고 되이려 나는 넘처나는 감격을 것잡을수 없다"[30]고 감격하였다. 그렇기 때문에 "마소의 눈깔처럼 서럽진 않다 / 하염없이 날만 곱지를 않는다 / 太白 小白 줄기줄기 山자락에. / 횃불을 드높이 / 새로운 歷史를 만드는 / 그들이 내가 노래하려는 / 산 사람들"(「내가자랑하려는 것은」)[31]이 자랑스러울 수밖에 없었을 것이다.

그러나 정세는 조남령이 선택한 이념의 행로와는 다르게 전개되었다. 이미 남조선노동당의 핵심인물인 박헌영이 월북했을 뿐만 아니라, 남한의 남로당 조직도 많은 부분 와해된 상황이었기 때문이다. 그런데도 그가 여전히 직설적으로 목소리를 높이는데 주저하지 않았던 것은 사상에 대한 확고한 신념이었다. 그것은 남로당의 『예술통신』을 이어받은 『문화일보』에는 발표한 작품을 통해서 확인된다. 문학가동맹 작가들은 박헌영을 찬양하는 시를 『문화일보』에 연재하였는데 김남천은 「민족 대서사시의 영웅적 주인공 박헌영선생」,[32] 오장환은 「시적 영감의 원천인 박헌영선생」,[33] 임화는 「박헌영 선생이시어 우리에게로 오시라」,[34] 김상훈은 「위대한 민족의 수령」,[35] 유운은 「인민의 곁으로 도라오라」,[36] 유진오는 「당신의 일흠을 불으

30 오장환, 「민족주의라는 煙幕—일련의 詩壇 時評」, 『문화일보』, 1947.6.5.
31 『신천지』 2권 6호, 1947.7.
32 『문화일보』, 1947.6.13.
33 『문화일보』, 1947.6.14.
34 『문화일보』, 1947.6.13.
35 『문화일보』, 1947.6.14.

면」,[37] 김광현은 「박헌영선생을 모셔와야 한다」,[38] 신석정은 「님이여! 당신은 땅에서솟아오른 태양의 화신이옵니다」[39]를 발표하였다. 조남령도 박헌영을 찬양하는 시 「어서오라人民의벗이여!」[40]를 발표하였다. 그가 남로당의 일원이었음을 확인시켜준다.

조남령의 여동생인 조갑주도 『경향신문』에 시조를 발표하여,[41] 남매가 시조시인으로 문명을 날릴 뻔 하였으나 역사는 이들의 편이 아니었다. 앞서 말했던 것처럼 조남령은 이 시기에 시조를 쓰지 않았다. 그리고 해방 이후에 창작하여 발표한 작품은 한편도 빠짐없이 모두 사상과 이념성이 짙은 작품들이다. 그런데 단 한번 『한글』 13권 4호(1949.4)에만 시조 6편을 발표했다. 1949년에 『한글』13권4호(1949.4)에 발표한 6편의 시조는 "학병으로 경주를 찾아서(1943년 12월)"라는 부기를 달아 해방기에 창작한 작품이 아니고 일제강점기에 쓴 작품임을 밝혀놓았다. 그래서 1943년에 『춘추』 4권 9호(1943.10)에 발표했던 「석굴암 — 토함산고개」와 「석굴암 — 대불」과 비슷한 시기에 쓴 작품임을 알 수 있다. 이것으로 미루어 보면 학병으로 징집되면서 발표하지 못했던

36 『문화일보』, 1947.6.17.
37 『문화일보』, 1947.6.25.
38 『문화일보』, 1947.6.28.
39 『문화일보』, 1947.7.5.
40 『문화일보』, 1947.6.24.
41 여화여전 재학 중이었던 조갑주의 작품으로 확인된 것은 2편이 전부다. 전문을 옮긴다. "도지개 우수수수 / 가을밤 잦아진다 / 다음이 먼소리 / 끊일락 잇기일락 / 영창에 귀뜨라미가 / 빗발 엿는가보다"(「秋夜」, 『경향신문』, 1946.10.24) "긴긴 가을밤을 / 왔다 그냥 간다던가 / 나직한 西山머리 / 쪼각달 그저있고 / 빈골목 벌래소리만 / 한결 요란스럽다"(「送人」, 『경향신문』, 1946.10.24)

작품을 늦게 발표한 것뿐이다. 그런데 문제는 왜 문학적 행로와 다른 작품을 발표했느냐는 것이다. 아래에서 그 단초를 확인할 수 있다.

> 1947년 12월 23일 김삼불군이 왔다. 조운, 남령 군이 왔다. 시조론을 했다. 운군이 삼인집을 하겠다고. 처와 경 종 양아와 태희가 오늘 밤 차로 떠났다. 날이 푹하여 다행이다. 조남령군은 전등이 꺼진 후 갔다.
>
> 1948년 1월 7일 조운, 남령군이 왔다. 삼인시조집을 의논했다.[42]

조남령은 사상과 이념성이 짙은 시와 수필을 발표하면서도 가람 이병기, 조운과 함께 '시조론'을 공부하고 있었고, 조운과 함께 '삼인시조집을 의논'했다. 조남령은 시조에 대한 애정을 놓지 않고 있었고, 묵혀놓은 작품이지만 발표함으로써 시조 창작의지를 천명한 것으로 해석할 수 있는 대목이다. 『현대시조삼인집』은 조운이 가려 뽑아 시조집으로 내려고 했던 육필집[43]이다. 가람 이병기의 시조 36편과, 조운의 시조 29편, 조남령의 시조 15편이 실려 있다.[44] 그래서 『현대시조삼인집』에 있는 조남령의 작품은 눈여겨 볼 필요가 있다. 또한 여기에 주목해야 한다. 조남령은 박헌영계열의 남로당에서 활동하면서도 조운과 함께 『현대시조삼인집』을 내기 위해 가람 이병

42 이경애, 「가람 이병기의 미발굴자료－『삼인시조집』과 『국문단어의 종합적 정리』를 중심으로」, 『제7회 가람 이병기 학술대회 자료집』, 익산문화재단, 77쪽.

43 『현대시조삼인집』은 가람 이병기의 일기에서 언급했던 작품집인데 2017년 가람 이병기의 셋째 며느리인 윤옥병의 유품을 정리하던 중 손자인 이앙배가 발견하여 공개되었다. 이경애, 위의 글 참조.

44 가람전집 간행위원회, 『가람 이병기전집－시조』 1, 전북대 출판문화원, 2017.

기에게 상의를 하러 다녔다는 사실이다. 그리고 이념이나 사상과 별개로 앞에 쓴 것처럼 『한글』에 시조 6편을 필명인 '조남령'이 아니라 본명 '조영은'으로 발표하였다. 그가 그동안 썼던 필명을 버리고 본명으로 작품을 발표한 것은 시조 창작의 의지를 다잡았다는 것으로 볼 수 있다. 그리고 『현대시조삼인집』의 조남령의 시조 15편 중 "12편이 미발표 시조"[45]가 아니라 8편이 미발표(혹은 서지 미확인) 시조로 확인되는 만큼 이 시기에도 발표는 하지 않았지만 창작하였을 가능성도 배제할 수는 없다. 그리고 5수의 연시조였던 「향수」를 「一夜」로, 「향수」의 2수는 「가믈」로, 4수는 「제비」로 개작하였는데 이것은 사상이나 이념과는 별개로 시조의 형식에 대한 새로운 실험이었을 가능성도 있다. 사상검증이 치열했던 시기에도 『현대시조삼인집』을 내기위해 세 명의 시인이 의기투합하였다는 사실은 사상이나 이념보다는 인간적인 관계 이상의 무엇이 '시조'로 작동하였다는 것을 상상하게 한다.

일제 강점 하에서 억눌렸던 주권의 회복과 자유를 향한 열정이 복잡했던 정세 속에서도 조직적인 행동으로 실천되던 해방기는 결국 남북 분단으로 종결되는 듯하였다. 그러나 한국전쟁이라는 참극으로 확대되어 수많은 희생을 치러야 했다. 작가들도 예외는 아니었다. 김영랑을 비롯한 여러 작가들이 목숨을 잃었고, 조남령을 비롯한 여러 작가들은 행방불명되어 생사를 알 수 없게 되었다. 그리고

45 이경애, 앞의 글, 77쪽.

일부 작가는 북한으로, 일부 작가는 남한으로 그들의 이상을 향함으로써 남북한 문학사에서 따로 기술되었다. 조남령과 그의 형제자매 모두는 서울이나 일본으로 유학하였던 수재들이었고, 해방기에 이념의 행로를 함께 했으나 장남인 조영흔만 생존했을 뿐 다른 5남매는 모두 행방불명[46]되는 비운을 겪었다.

현대시조를 창작하고 현대시조의 발전에 힘을 모았던 세 명의 시인, 조남령은 6월 27일 가람 이병기를 방문한 것을 마지막으로 그의 행적은 남과 북 어디에도 확인되지 않고, 조운은 북한을 선택하여 그곳에서 작품 활동을 이어갔다. 가람 이병기는 홀로 남아 침묵으로 시대를 견디면서 『현대삼인시조집』을 깊이 간직하여 그들과 함께 하였다. 역사는 예외 없이 선택을 강요했고, 무엇을, 어디를 선택했느냐에 따라 운명이 결정되었다. 그것은 결국 민족문학사의 큰 손실로 남게 되었다.

4. 결론

조남령은 많은 작품을 쓴 시인은 아니다. 그럼에도 불구하고 현대

46 조영규의 처 박정옥(93세, 당시 교사, 면담일 : 2017.10.9)의 증언과 객관적인 자료를 통해 확인한 바로 6남매는 첫째 조영흔(교사), 둘째 조영규(교사), 셋째 조남령, 넷째 조갑주(이화여전 재학 중), 다섯째 조영상(서울대 공대 재학 중), 여섯째 조을주(배화여고 졸업)다. 한국전쟁당시 조영흔과 조영규를 제외한 4남매는 모두 서울에 거주하고 있었다.

시조를 논할 때 그의 이름은 빠짐없이 거명된다. 그런 만큼 그의 문학적 성과는 시조에만 국한되어 논의 되어 왔다. 그 문제를 해결하기 위하여 여기에서는 그의 문학적 행적을 추적하고 조사하면서 작품과의 상관성을 밝혀보았다.

일제 강점기의 조남령의 문학적 생애는 『동아일보』 제1회 신인문학 콩쿠르에 소설 「익어가는 가을」을 백철이 추천하면서 시작되었다. 하지만 소설이 아닌 시조로 가람 이병기에 의해 시조가 『문장』에 3회 추천을 완료함으로써 시조시인으로서뿐만 아니라 시조 연구를 병행하여 시대에 대응하여 시조시인으로 자리매김되었다.

해방과 한국전쟁은 사상과 이념의 행로를 선택하도록 강요했다. 결정적으로 학병동맹사건이 발생하면서 이른바 우익에 대한 반대급부로 남로당 쪽으로 합류하면서 그의 문학적 생애는 일제 강점기와는 다른 행보를 걸었다. 따라서 직설적인 감정을 토로하고 정치성을 강화하는 사상투쟁의 장에 나섰고, 구호를 전면화한 자유시로 대응하였다. 그러므로 그동안 조남령을 시조시인으로 국한하여 문학적 성과를 논하는 것을 뛰어넘어야 하고 문학으로 시대를 대응하였던 내적 논리와 문학적 성과를 동일 선상에 올려놓고 평가하여야 할 것이다.